DEBUT D'UNE SERIE DE DOCUMENTS
EN COULEUR

COMTE LÉON TOLSTOÏ

DE LA VIE

SEULE TRADUCTION

REVUE, CORRIGÉE ET ANNOTÉE PAR L'AUTEUR

Conserver la couverture

PARIS

C. MARPON ET E. FLAMMARION
ÉDITEURS
26, RUE RACINE, PRÈS L'ODÉON

CHEZ LES MÊMES ÉDITEURS

PUBLICATIONS RÉCENTES A 3 FR. 50 LE VOL.

Balley (Berthe)...	Criminelle!! ...	1 vol.
Bapaume (Amable)..	Le Cocher de la Duchesse...	1 vol.
Bertol-Graivil....	Deux Criminels...	1 vol.
Bonnetain (Paul)...	En Mer. Illustré...	1 vol.
Bouvier (Alexis)...	Les Seins de Marbre...	1 vol.
— ...	La Belle Olga...	1 vol.
Bussy et Lèbre....	Le Mahatma...	1 vol.
Caise (Albert).....	Teurkia. — *Mœurs algériennes*...	1 vol.
—	La Jeunesse d'une Femme au Quartier Latin...	1 vol.
Chesnel (E.).....	Les Plaies d'Égypte. — *Les Anglais dans la vallée du Nil*...	1 vol.
Colombier (Marie)...	Courte et Bonne...	1 vol.
Courteline (G.)...	Les Femmes d'Amis. Illustré...	1 vol.
Dubut de la Forêt..	Tête à l'envers...	1 vol.
Duval (Georges)...	Honneur pour Honneur...	1 vol.
Fabart (Félix)....	Le Coup du Lapin. — Roman social.	1 vol.
Fonbrune (Henri de).	Milord Tripot...	1 vol.
Jacolliot (Louis)...	Les Chasseurs d'Esclaves...	1 vol.
Janvier (Louis-Joseph)...	Une Chercheuse. — Couverture illustrée par Bayard...	1 vol.
Lecoy de la Marche.	L'Esprit de nos Aïeux. — Anecdotes et bons mots tirés des manuscrits du XIIIe siècle.	1 vol.
Lemonnier (A. et S.).	Une Mère d'Actrice...	1 vol.
Loudun (Eugène)...	Journal de Fidus...	1 vol.
Maizeroy (René)...	Lalie Spring...	1 vol.
Tola-Dorian (Mme)..	Poèmes lyriques...	1 vol.
Tolstoï (Comte Léon).	De la Vie, seule traduction autorisée.	1 vol.
Vautier (Mme Claire).	Adultère et Divorce...	1 vol.
Vivier (Eugène)...	La Vie et les Aventures d'un Corniste...	1 vol.
Zola (Emile) (Préface par)	La Morasse. — Nouvelles, par les Secrétaires de rédaction des grands Journaux...	1 vol.

PARIS. — IMPRIMERIE G. MARPON ET E. FLAMMARION, RUE RACINE, 26.

DE LA VIE

ÉMILE COLIN. — IMPRIMERIE DE LAGNY.

COMTE LÉON TOLSTOÏ

DE LA VIE

SEULE TRADUCTION

REVUE ET CORRIGÉE PAR L'AUTEUR

PARIS

C. MARPON & E. FLAMMARION, ÉDITEURS

26, RUE RACINE, PRÈS L'ODÉON

La traduction de cet ouvrage est de Madame la Comtesse Tolstoï et de MM. Tastevin frères, libraires à Moscou.

DE LA VIE

L'homme n'est qu'un roseau, le plus faible de la nature, mais c'est un roseau pensant. Il ne faut pas que l'univers entier s'arme pour l'écraser. Une vapeur, une goutte d'eau suffit pour le tuer. Mais quand l'univers l'écraserait, l'homme serait encore plus noble que ce qui le tue, parce qu'il sait qu'il meurt, et l'avantage que l'univers a sur lui, l'univers n'en sait rien. Ainsi toute notre dignité consiste dans la pensée. C'est de là qu'il faut nous relever, non de l'espace et de la durée. Travaillons donc à bien penser ; voilà le principe de la morale.

PASCAL.

Zwei Dinge erfüllen das Gemüth mit immer neuer und zunehmender Bewunderung und Ehrfurcht, jeöfter und anhaltender sich das Nachdenken damit beschäftigt; der bestirnte Himmel über mir, und das moralische Gesetz in mir.....
Das erste fängt von dem Platze an, den ich in der äussern Sinnenwelt einnehme, und erweiter die Verknüpfung, darin ich stehe, in unabsehlich Grosse mit Welten über Welten und Systemen von Systemen, überdem hoch in grenzenlose Zeiten ihrer periodischen

a.

Bewegung, deren Anfang und Fortdauer. Das zweite fängt von meinem einsichtbaren Selbst, meiner Persönlichkeit an und stellt mich Sinnenwelt dar, die wahre Unendlichkeit hat, aber nur dem Verstande spürbar ist, und mit welcher ich mich, nicht wie dort in bloss zufälliger, sondern allgemeiner und nothwendiger Verknüpfung erkenne.

KANT. (*Kritder pract. Vern. Beschluss.*).

« Je vous donne un nouveau commandement : c'est que vous vous aimiez les uns les autres. »

EV. SELON SAINT JEAN, XIII, 34.

INTRODUCTION

Supposons qu'un homme n'a d'autre ressource pour vivre qu'un moulin. Fils et petit-fils de meunier, cet homme sait à fond, par tradition, comment il faut utiliser toutes les parties de son moulin, pour qu'il fonctionne bien. Sans connaître la mécanique, il a ajusté de son mieux tous les rouages afin d'obtenir une bonne mouture, et il a ainsi de quoi vivre et se nourrir.

Mais, un jour, il arrive à cet homme de réfléchir sur l'organisation de son moulin, et comme il a acquis quelques vagues notions de mécanique, il se met à observer pourquoi les roues tournent.

Allant des trémies aux meules, des meules au cylindre, du cylindre aux roues, puis à la digue et à la rivière, — il en arrive à se persuader que tout dépend de la digue et de la rivière. Cet homme est si heureux de sa découverte, qu'au lieu de s'inquiéter, comme d'habitude, de la qualité de la farine, de hausser et de baisser les meules, de tendre et de détendre la courroie; il se met à étudier la rivière ; et son moulin se désorganise entièrement. On dit au meunier que ce n'est pas ainsi qu'il faut s'y prendre. Il ne veut pas en convenir, et continue à raisonner sur la rivière. Il approfondit tant et si longtemps cette question, il discute si passionnément avec ceux qui lui montrent la fausseté de son raisonnement qu'il finit par croire que c'est la rivière qui est le moulin.

A toutes les preuves qu'on lui donne de la fausseté de ses raisonnements, ce meunier répond : « Aucun moulin ne peut moudre sans eau, par conséquent, pour connaître le moulin, il faut savoir lâcher l'eau, connaître la force de son courant, savoir d'où elle vient ; en un mot pour connaître le moulin, il faut étudier la rivière. »

Au point de vue de la logique, le raisonnement du meunier paraît irréfutable. L'unique moyen de le tirer d'erreur, c'est de lui prouver que ce qu'il y a de plus important dans tout raisonnement, ce n'est pas tant le raisonnement lui-même que la place qu'il occupe, et que, pour penser avec fruit, il est indispensable de savoir sur quoi il faut penser en premier lieu, et ce qui doit venir après.

Il faut lui démontrer qu'une activité rationnelle se distingue d'une activité non rationnelle en ce qu'elle dispose ses raisonnements par ordre d'importance (tel raisonnement doit venir en premier lieu, tel autre en second lieu, en troisième lieu, en dixième lieu et ainsi de suite); tandis que l'activité non rationnelle se compose de raisonnements sans ordre. Il faut lui prouver aussi que l'établissement de cet ordre n'est pas fortuit, mais qu'il dépend du but auquel tendent tous les raisonnements.

C'est le but de tous les raisonnements qui doit fixer l'ordre dans lequel les raisonnements particuliers doivent être rangés pour être sensés.

Tout raisonnement sans lien avec le but commun de tous les raisonnements est absurde, quel que logique qu'il soit en lui-même.

Le but du meunier est d'obtenir une bonne mouture, et ce but, s'il ne le perd pas de vue, détermine l'ordre certain dans lequel doivent se succéder les raisonnements sur les meules, les roues, la digue et la rivière.

Sans cette adaptation au but final, les raisonnements du meunier, quelque logiques et éloquents qu'ils soient, seront faux et surtout inutiles ; ils ressemblent à ceux de Kypho Makëitch, du fameux personnage de Gogol qui calculait de quelle grosseur serait la coque d'un œuf d'éléphant, si les éléphants pondaient des œufs comme les oiseaux. Tels sont, à mon avis, les raisonnements de notre science contemporaine sur la vie.

La vie, c'est le moulin que l'homme veut étudier. Le moulin est nécessaire pour bien moudre, la vie n'est nécessaire que pour être bonne c'est-à-dire heureuse. L'homme ne peut un seul instant perdre impunément de vue le but de ses recherches. S'il le fait, ses raisonnements ne seront pas à leur place, et ressembleront à ceux de Kyphe Makéitch quand il calcule la quantité de poudre nécessaire pour faire sauter un œuf d'éléphant.

L'homme n'étudie la vie que pour l'améliorer. C'est ainsi que l'ont étudiée les hommes qui ont fait avancer l'humanité dans la voie du progrès. Mais, à côté de ces vrais docteurs, de ces bienfaiteurs de l'humanité, il y a toujours eu et il y a maintenant encore des raisonneurs, qui perdent de vue le but de la discussion et se mettent à rechercher l'origine de la vie, pourquoi le moulin tourne. Les uns affirment que c'est à cause de l'eau, les autres à cause du mécanisme. La discussion s'échauffe, on s'éloigne de plus en plus de l'objet de la discussion, et on le remplace par des objets qui lui sont tout à fait étrangers.

Il existe une vieille anecdote à propos d'une discussion entre un juif et un chrétien. On raconte que le chrétien, au lieu de répondre aux subtilités du juif, lui appliqua une claque sur son crâne chauve, et lui posa la question suivante :

« Qu'est-ce qui a claqué? Est-ce ton crâne chauve ou la paume de ma main ? » Et la discussion sur la foi fut remplacée par une nouvelle question impossible à résoudre.

A côté du vrai savoir des hommes, depuis les temps les plus reculés, il se passe quelque chose de semblable par rapport à la science de la vie.

Les discussions sur l'origine de la vie remontent à une époque très reculée. D'où provient-elle ? D'un principe immatériel ou de différentes combinaisons de la matière? Ces discussions durent encore, et on ne peut en prévoir la fin, précisément parce qu'on a laissé de côté le but de la discussion et qu'on discute sur la vie, envisagée indépendamment de son but ; sous le nom de vie, on ne comprend plus la vie elle-même, mais son origine et les phénomènes qui l'accompagnent.

De nos jours, non seulement dans les ouvrages scientifiques, mais dans la conversation, quand on parle de la vie, il ne s'agit plus de celle que nous connaissons tous, de la vie dont j'ai conscience par les souffrances que je redoute et que je hais, par les jouissances et les joies que je désire, mais de quelque chose provenant ou bien d'un jeu du hasard, suivant certaines lois physiques, ou bien d'une cause mystérieuse.

Aujourd'hui, ce mot « vie » s'applique à quelque chose de discutable, qui n'a pas en soi les caractères essentiels de la vie, c'est-à-dire le sentiment de la souffrance, des jouissances, et l'aspiration au bien.

La vie est l'ensemble des fonctions qui résistent à la mort. La vie est l'ensemble des phénomènes qui se succèdent pendant un temps limité dans un être organisé. La vie est un double procès de décomposition et de combinaison, universel et non interrompu. La vie est une certaine réunion de modifications de nature différente, qui s'accomplissent successivement. La vie est l'organisme en activité. La vie est une activité spéciale de la matière organique. La vie est l'adaptation des rapports internes aux rapports externes.

Sans parler des erreurs et des tautologies dont toutes ces définitions sont remplies, leur caractère à toutes est le même. Elles ne définissent pas ce que tous les hommes comprennent également sous le nom de vie, mais certains procès qui accompagnent la vie et d'autres phénomènes.

Presque toutes ces définitions pourraient s'appliquer à l'activité du cristal en formation ; quelques-unes à la fermentation, à la pourriture ; et toutes pourraient convenir à la vie de chaque cellule de mon corps, pour laquelle il n'existe ni bien, ni mal. Certains procès qui s'accomplissent dans les cristaux, dans le protoplasme, dans le noyau du protoplasme, dans les cellules de mon corps et des autres corps, sont comprises sous la dénomination de vie, tandis que cette dénomination est indissolublement unie en moi au sentiment de l'aspiration à mon bien.

Raisonner sur certaines conditions de la vie, prises pour la vie elle-même, c'est la même chose que parler de la rivière comme si c'était le moulin. Ces raisonnements ont peut-être leur importance, mais, en tout cas, ils s'éloignent de l'objet de la discussion et par conséquent toutes les conclusions sur la vie tirées de tels raisonnements seront forcément fausses.

Le mot « vie » est court et très clair, et chacun sait ce qu'il signifie. Mais c'est justement parce que chacun en connaît la signification que nous devons toujours l'employer dans le sens admis par tous. Le sens de ce mot est clair pour tout le monde, non point parce qu'il est défini avec précision par d'autres mots ou d'autres idées, mais au contraire parce qu'il exprime une idée absolue, d'où découlent beaucoup d'autres idées, pour ne pas dire toutes. Par conséquent, pour tirer des déductions de cette idée, nous devons l'accepter dans sa signification centrale et indiscutable. Et c'est ce qu'on a perdu de vue, à ce qu'il me semble, dans les différentes discussions sur le sens de la vie. Il en est résulté que l'idée fondamentale de la vie, n'ayant pas été prise au début dans sa signification centrale, et s'éloignant de plus en plus, à cause des controverses, de sa signification essentielle et généralement admise, a fini par perdre sa signification centrale et en a pris une autre qui n'est pas en rapport avec sa nature. Il est arrivé que le centre même d'où l'on traçait les figures a été déplacé et transféré à un autre point.

On discute pour savoir si la vie réside dans la cellule ou dans le protoplasme, ou plus bas encore dans la matière inorganique.

Mais, avant de discuter, il faudrait se demander si nous avons le droit d'attribuer l'idée de vie à la cellule.

Nous disons, par exemple, que la vie réside dans la cellule, que celle-ci est un être vivant. Cependant l'idée essentielle de la vie humaine et l'idée de la vie qui est dans la cellule sont deux conceptions non seulement différentes, mais incompatibles. L'une exclut l'autre. Je découvre que mon corps tout entier se compose de cellules. On me dit que ces cellules ont le même principe vital que moi, et sont des êtres vivants comme moi. — Mais je n'ai conscience de ma vie que parce que je sens que mon moi forme avec toutes les cellules dont se compose mon corps, un seul être vivant indivisible. Et cependant on me dit que je suis tout entier composé de cellules vivantes. A qui donc dois-je attribuer le principe de la vie : à moi ou aux cellules? Si j'admets que les cellules possèdent la vie, je dois, retrancher de la conception de la vie le principal signe de ma vie, le sentiment de mon unité et de mon indivisibilité ; mais si j'admets que je possède la vie en tant qu'être unique et indivisible, il est clair que je ne puis attribuer la même vie aux cellules dont se compose mon corps, et dont la conscience est inconnue.

Ou bien je possède la vie et je suis composé de particules non vivantes appelées cellules ; ou bien je renferme une quantité de cellules vivantes, et la conscience que j'ai de ma vie n'est pas la vie, mais rien qu'une illusion.

Nous ne nous contentons pas de dire que la cellule renferme quelque chose que nous nommons *pic* ou *die*, mais nous disons que la cellule renferme la vie. Nous disons « la vie », parce que nous ne comprenons pas sous ce nom un x quelconque, mais une quantité bien déterminée, que nous connaissons tous également et que nous connaissons uniquement par nous-mêmes comme la conscience que nous avons de notre corps formant un seul être indivisible. Par conséquent, cette conception ne peut se rapporter aux cellules dont se compose mon corps.

Quelles que soient les recherches et les observations auxquelles l'homme se livre, il est tenu, pour en exposer le résultat, d'employer chaque mot dans un sens admis par tous sans conteste, et il ne doit pas lui attribuer un sens qu'il voudrait lui donner, mais qui ne s'accorde pas avec l'idée fondamentale et généralement admise. Si l'on pouvait employer le mot *vie* de manière à ce qu'il indiquât indifféremment la nature de tout l'objet et les propriétés des différentes parties qui le composent, comme cela a lieu pour la cellule et l'animal composé de cellules, on pourrait de même dire, par exemple, que, les idées s'exprimant par des mots, les mots se composant de lettres, les lettres de traits, le dessin des traits est la même chose que l'expression des idées, partant qu'on peut donner aux traits le nom d'idées.

C'est la chose la plus commune dans le monde scientifique que d'entendre et de lire des théories tendant à prouver que la vie provient du jeu des forces physiques et mécaniques.

On pourrait même dire que la plupart des savants s'en tiennent à ce ..... — je suis embarrassé pour trouver une expression appropriée — ..... ce n'est ni une opinion, ni un paradoxe, mais plutôt une plaisanterie ou une énigme.

On affirme que la vie provient du jeu des forces physiques et mécaniques, des forces de la nature que nous ne nommons physiques et mécaniques que par opposition à l'idée de vie.

Il est évident que le mot « vie », improprement appliqué à des idées qui lui sont étrangères et s'éloignant de plus en plus de sa signification essentielle, s'est tellement écarté de son centre, que l'on place la vie là où, d'après notre conception, elle ne saurait être. C'est comme si l'on prétendait qu'il existe un cercle ou une sphère dont le centre est hors de la circonférence.

En effet, la vie, que je ne puis me représenter autrement que comme une tendance du mal au bien, se trouverait dans une région où il n'y a ni bien ni mal. Il est évident que le centre de la conception de la vie a été déplacé. Bien plus, en examinant les recherches sur ce je ne sais quoiqu'on nomme « la vie », je vois qu'elles n'embrassent presque aucune des conceptions que je connais. Je vois toute une série d'idées et de mots nouveaux qui ont leur sens conventionnel dans le langage scientifique, mais qui n'ont rien de commun avec les idées existantes.

L'idée de la vie n'est pas prise dans le sens que tous lui attribuent, et à cause de cela les déductions qu'on en tire ne sont pas en rapport avec les idées reçues; ce sont de nouvelles idées conventionnelles pour lesquelles il devient indispensable d'inventer de nouveaux mots.

Le langage humain est de plus en plus banni des recherches scientifiques ; au lieu de mots servant à exprimer des pensées et des objets réels, surgit un volapuk scientifique, qui se distingue du véritable volapuk en ce que celui-ci exprime en termes généraux des idées et des objets réels, tandis que le volapuk scientifique désigne par des mots qui n'existent pas des idées qui existent encore moins.

L'unique moyen de communication intellectuelle des hommes est la parole ; mais pour que cette communication soit possible, il faut employer les mots de manière à ce que chacun d'eux évoque dans chaque homme les mêmes idées correspondantes et précises. Mais s'il est permis d'employer les mots à tort et à travers et de leur donner la signification qui nous plaît, il vaut mieux ne pas parler mais communiquer par gestes.

Je conviens que déterminer les lois de l'univers par les seules déductions de la raison, sans faire ni expériences ni recherches, c'est suivre une voie fausse et non scientifique, une voie qui ne peut mener à la vraie science.

Mais étudier les phénomènes de l'univers par voie d'observation et d'expérience, en se laissant

guider dans ces expériences et ces recherches non
point par les idées généralement admises mais
par des idées conventionnelles, et en exposer les
résultats au moyen de mots auxquels on peut
attribuer diverses significations, — n'est-ce pas
encore pis? La meilleure pharmacie peut causer
le plus grand mal si les étiquettes des flacons
sont collées non pas d'après leur contenu, mais
d'après la fantaisie de l'apothicaire.

Mais, me dira-t-on, la science positive n'a pas
pour but l'étude de tout l'ensemble de la vie (y
compris la volonté, l'aspiration au bien et le
monde spirituel); elle sépare seulement de l'idée
de vie les phénomènes soumis à ses expériences
et à ses investigations.

S'il en était ainsi, ce serait parfaitement légitime. Mais nous savons que les savants de notre
époque ne l'entendent pas ainsi. Si l'on admettait
en principe la conception de la vie dans sa signification essentielle, telle que tous la comprennent,
et si l'on établissait clairement que la science
positive, faisant abstraction de tous les côtés de
cette conception à l'exception d'un seul, qui est
susceptible d'être observé, n'examine les phénomènes que de ce seul côté en y appliquant sa mé-
thode d'investigation, ce serait parfait et bien diffé-
rent de ce qui est à présent. Mais il faut dire ce qui
est, et ne pas cacher ce que nous savons tous. Ne

savons-nous pas que la plupart si ce n'est tous les savants positivistes, en étudiant la vie dans ses phénomènes matériels et observables par les sens, sont pleinement convaincus qu'ils étudient la vie tout entière et non pas un seul de ses côtés.

L'astronomie, la mécanique, la physique, la chimie, ainsi que toutes les autres sciences, prises à part et toutes ensemble, défrichent chacune la partie de la vie qui lui est soumise, sans arriver à aucun résultat touchant la vie en général. Ce n'est qu'à l'époque où ces sciences étaient dans leur enfance, c'est-à-dire quand elles n'étaient ni claires ni bien définies, que quelques-unes d'entre elles essayèrent d'embrasser de leur point de vue tous les phénomènes de la vie, et devinrent obscures en inventant de nouveaux mots et de nouvelles idées. C'était le cas de l'astronomie, quand elle s'appelait astrologie, et de la chimie, quand elle portait le nom d'alchimie. C'est ce qui arrive maintenant à la science qu'on appelle biologie qui, en étudiant un ou plusieurs côtés de la vie, prétend étudier la vie tout entière.

Les hommes qui envisagent la science à un point de vue aussi erroné, ne veulent pas reconnaître que leurs recherches n'embrassent que certains côtés de la vie, mais ils ont la prétention d'étudier tous les phénomènes de la vie par voie

d'expériences externes. Si le psychisme, disent-
ils (ils affectionnent ce terme vague de leur volapuk), nous est encore inconnu, nous le connaî-
trons un jour. En étudiant une ou plusieurs
phases des phénomènes de la vie, nous arriverons
à les connaître toutes. En d'autres termes, en examinant longtemps et attentivement un des côtés
d'un objet, nous finirons par le voir de tous les
côtés et même dans son ensemble.

Quelque étonnante que puisse paraître cette
étrange doctrine qu'on ne peut expliquer que
par le fanatisme de la superstition, elle existe
cependant, et, de même que toute doctrine bar-
bare et fanatique, elle exerce son influence pernicieuse en guidant la pensée humaine dans une
fausse et vaine direction.

On a coutume de dire que la science étudie la
vie sous toutes ses faces. Mais le fait est que
chaque objet a autant de faces qu'il y a de rayons
dans une sphère, c'est-à-dire un nombre infini,
et qu'il est impossible de les étudier toutes. Il
faut rechercher quelle est la plus importante et
la plus nécessaire et celle qui a une importance
et une utilité moindres. De même qu'on ne peut
s'approcher d'un objet de tous les côtés à la fois,
de même on ne peut étudier un phénomène de la
vie sous toutes ses faces. Bon gré, mal gré il faut
étudier une face après l'autre. Savoir ce qu'il

faut étudier en premier, en second lieu, c'est le principal. Savoir ce qui est le plus important à connaître c'est là la clef de la science. Cette clef ne s'obtient que par la connaissance de la vie.

Il n'y a qu'une juste conception de la vie qui puisse donner une juste signification et une bonne direction à toutes les sciences en général et à chacune en particulier, en les répartissant suivant leur importance par rapport à la vie. Si notre idée de la vie est fausse, toute notre science le sera aussi.

Ce que nous nommons science ne peut définir la vie; c'est au contraire notre idée de la vie, qui détermine ce qu'il faut considérer comme science. Ainsi donc, pour que la science soit science, il faut commencer par résoudre la question de savoir ce qui est science et ce qui ne l'est pas, et pour cela il faut expliquer le sens de la vie.

Je dirai franchement toute ma pensée. Nous connaissons tous le dogme fondamental de la fausse science expérimentale : — Tout ce qui existe n'est que matière et énergie. L'énergie produit le mouvement; le mouvement mécanique se transforme en mouvement moléculaire; le mouvement moléculaire se manifeste par la chaleur, l'électricité, l'activité nerveuse et cérébrale. Tous les phénomènes de la vie sans exception s'expliquent par les rapports des différentes énergies. Tout cela paraît clair, simple et surtout commode.

Je dirai mon audacieuse pensée tout entière : une bonne part de l'énergie, de l'activité passionnée de la science expérimentale provient du désir d'inventer tout ce qui est nécessaire pour confirmer une conception si commode.

Dans toute l'activité de cette science, on ne découvre pas tant le désir d'étudier les phénomènes de la vie qu'une préoccupation constante de prouver la justesse de son dogme fondamental. Que de forces perdues pour essayer d'expliquer comment l'organique provient de l'inorganique, l'activité psychique des phénomènes de l'organisme ! On a beau chercher un fait qui prouve la possibilité de la provenance d'un être organique de la matière inorganique, on ne le trouve pas, mais on ne se décourage jamais, d'autant plus que nous avons à nos ordres une série infinie de siècles pour y reléguer tout ce qui devrait être conforme à notre croyance, mais n'existe pas en réalité.

Il en est de même de la transition de l'activité organique à l'activité psychique : elle n'existe pas encore, mais nous sommes convaincus qu'elle existera et nous employons tous les efforts de notre intelligence à en démontrer au moins la possibilité.

Les discussions sur ce qui ne concerne pas la vie, c'est-à-dire la question de son origine (que ce soit l'animisme, le vitalisme, ou l'idée d'une autre force) ont caché aux hommes la principale question sur la vie, cette question sans laquelle l'idée de vie n'a plus de sens et ont réduit peu à peu les hommes de la soi-disant science, ceux qui devraient guider les autres, à l'état d'un homme qui marche, se dépêche même, mais a oublié où il va.

Mais peut-être est-ce à dessein que je tâche de ne pas voir les immenses résultats acquis par la science dans sa direction actuelle? Mais aucun résultat ne saurait corriger une fausse direction. Admettons l'impossible, que tout ce que la science contemporaine désire apprendre sur la vie, tout ce qu'elle affirme pouvoir découvrir (sans y croire elle-même), admettons, dis-je, que tout cela est découvert, que tout est clair comme le jour. Il est évident que, la matière organique provient de l'inorganique; il est évident que la force physique passe dans les sens, la volonté, la pensée; cela est évident non seulement pour des lycéens, mais même pour des écoliers de l'école primaire.

Je sais que telles pensées, tels sentiments proviennent de tels mouvements. Eh bien! Quoi donc? Puis-je à volonté diriger ces mouvements de manière à éveiller en moi telle ou telle pensée, ou ne le puis-je pas? La question de savoir quelles pensées et quels sentiments je dois faire naître en moi et dans les autres reste non seulement sans solution, mais n'est même pas effleurée.

Je sais que les hommes de science ne seront pas embarrassés pour répondre à cette question. La solution leur en paraît très simple, comme la solution de toute question difficile paraît simple à celui qui ne comprend pas la question. La question de savoir organiser la vie, quand elle est dans notre pouvoir, paraît fort simple aux hommes de science. Ils disent : Il faut s'arranger de manière à ce que les hommes puissent satisfaire leurs besoins. La science trouvera d'abord les moyens de distribuer avec justice la satisfaction des besoins, et secondement, de produire tant et si facilement, que tous les besoins pourront être satisfaits sans peine, et alors tous les hommes seront heureux.

Cependant, si l'on demande ce qu'on entend par besoin et quelles en sont les limites, ils répondent tout aussi simplement : « La science est là pour classer les besoins physiques, intellectuels, esthétiques, moraux même, et définir clairement ceux qui sont légitimes et ceux qui ne le sont pas. »

La science déterminera tout cela un jour. Il existe une institution, une corporation, une réunion d'hommes et d'intelligences qui est infaillible et s'appelle la science. Elle définira tout cela avec le temps.

Mais si l'on demande ce qui doit nous guider pour déterminer la légitimité et la non légitimité des besoins, on répond hardiment : « L'étude de ces besoins. » Mais le mot besoin n'a que deux significations : ou ce sont les conditions de l'existence, et il y en a un nombre infini pour chaque objet, par conséquent elles ne peuvent être toutes étudiées; ou c'est l'aspiration au bien qu'éprouve un être vivant, besoin perçu et déterminé uniquement par sa conscience, conséquemment encore moins susceptible d'être étudié par la science expérimentale.

N'est-il pas évident qu'une pareille solution de la question n'est qu'une paraphrase du règne du Messie, règne où la science joue le rôle du Messie? Pour qu'une pareille explication explique quoi que ce soit, il est indispensable d'avoir une foi aussi aveugle aux dogmes de la science que les Juifs à la venue du Messie. C'est ce que font les croyants de la science, avec cette seule différence que le Juif de bonne foi, se représentant le Messie comme l'envoyé de Dieu, peut croire qu'il aura le pouvoir de tout organiser pour le mieux, tandis que le croyant de la science ne peut croire, vu l'objet de ses études, qu'il soit possible d'arriver par l'étude extérieure des besoins à résoudre le problème unique et capital de la vie.

DE LA VIE

CHAPITRE PREMIER

Contradiction essentielle inhérente à la vie humaine.

L'homme ne vit que pour son bonheur, pour son bien. Dès qu'il cesse de rechercher le bien, il ne se sent plus vivre. L'homme ne peut se représenter la vie sans y associer le désir de son propre bien. Pour tout homme vivre est synonyme de rechercher le bien et d'aspirer à sa possession ; rechercher le bien et aspirer à sa possession, c'est vivre. L'homme n'a conscience de la vie qu'en lui-même, dans son individualité, voilà pourquoi il se figure d'abord que le bien qu'il désire n'est autre que son bien individuel. Il lui semble de prime abord que la vie, la vraie vie, c'est sa vie à lui. L'existence des autres êtres lui paraît toute différente de la sienne : à ses yeux, ce n'est qu'un simulacre de vie. L'homme ne fait qu'observer la vie des autres individus, et ce n'est que par ses observations personnelles qu'il arrive à la connaissance de leur existence. Il ne connaît la vie des autres êtres que lorsqu'il veut y penser; mais, quand il s'agit de lui-même, il sait et ne peut cesser pour un instant de savoir qu'il vit : par conséquent, la vie véritable ne se présente à lui que sous la forme de sa propre vie. La vie des êtres qui l'entourent ne lui semble qu'une des conditions de son existence. S'il ne souhaite pas de mal aux autres, c'est uniquement parce que la vue des souffrances d'autrui trouble son bien-être. S'il souhaite du bien aux autres, c'est tout autrement que pour lui-même : ce n'est pas pour que celui à qui il veut du bien soit heureux, mais seulement pour que le bien des autres augmente le bien de sa propre vie. Ce qui est important pour l'homme, ce qui lui est nécessaire, c'est uniquement le bien de sa vie, c'est-à-dire son bien à lui.

Mais, voilà que pendant que l'homme n'aspire qu'à la possession de son propre bien, il commence à s'apercevoir que ce bien dépend des autres êtres. En observant et en examinant attentivement ces êtres, il constate que tous les hommes et même les animaux ont la même idée de la vie que lui-même. Chacun de ces êtres n'a *conscience*, comme lui, que de son existence et de son bien, ne considère comme importante et réelle que sa propre vie, tandis qu'il ne voit dans celle des autres qu'un instrument de son bonheur. L'homme s'aperçoit que chacun des êtres vivants, aussi bien que lui-même, est prêt, en vue d'assurer son bien si minime qu'il soit, à priver d'un bien plus grand et même de la vie tous les autres êtres, y compris lui-même qui raisonne de la sorte. Et après avoir compris cette vérité, l'homme se dit que s'il en est ainsi, ce dont il ne saurait douter, ce n'est plus un seul ou une dizaine d'êtres, mais un nombre infini de créatures vivantes disséminées dans le monde, qui sont prêtes à

chaque instant, en vue d'un but personnel à
atteindre, à le détruire, lui, pour qui seul existe
la vie. Une fois pénétré de cette idée, l'homme
voit que non seulement il lui sera difficile d'acquérir ce bien individuel sans lequel il ne saurait comprendre sa propre vie, mais encore
qu'il en sera sûrement privé. Plus l'homme vit,
plus l'expérience vient confirmer la justesse de
ce raisonnement. Il sent que la vie de ce monde,
cette vie à laquelle il participe et qui se compose d'individualités unies entre elles, qui
cherchent à se détruire et à s'entre-dévorer, ne
saurait être un bien pour lui, et sera même
à coup sûr un grand mal. Bien plus, en admettant que l'homme soit placé dans des conditions si avantageuses qu'il puisse lutter avec
succès contre les autres individualités, sans
péril pour la sienne propre, la raison et l'expérience lui prouvent bientôt que ces simulacres de bien-être, qu'il parvient à arracher
à la vie sous forme de jouissances individuelles, ne sont pas des biens, mais, pour ainsi
dire, des échantillons de bien, qui ne lui sont
accordés que pour lui faire ressentir plus vive-

ment encore les souffrances toujours insépa-
rables des jouissances. Plus l'homme avance
dans la vie, plus il voit clairement que les
jouissances deviennent de plus en plus rares,
et que l'ennui, la satiété, les peines, les souffrances vont en augmentant.

Et ceci n'est pas encore tout : sentant l'affaiblissement de ses forces et les premières
atteintes des maladies, ayant devant les yeux
les infirmités, la vieillesse et la mort des autres
hommes, il remarque encore que sa propre
existence, cette existence dans laquelle seulement il sent réellement et pleinement la vie, se
rapproche à chaque instant, à chaque mouvement, de la vieillesse, de la caducité et de la
mort. Il observe en outre que sa vie est exposée
à des milliers d'éventualités de destruction de
la part des autres êtres en lutte avec lui, qu'elle
est en butte à des souffrances qui s'accroissent
sans cesse, que sa vie enfin, par sa nature
même, n'est qu'un acheminement incessant
vers la mort, vers cet état dans lequel doit disparaître, en même temps que la vie individuelle, toute possibilité d'un bien personnel

quelconque. L'homme voit que son moi, son individualité, ce qui seul à ses yeux représente la vie, est en lutte continuelle avec le monde entier, avec ce monde contre lequel toute lutte est impossible ; il s'aperçoit qu'il recherche des jouissances qui ne sont que des simulacres de biens et qui aboutissent fatalement à des souffrances, et qu'il s'efforce de conserver une vie qu'on ne peut conserver.

Il voit que lui-même, cette individualité, unique mobile de ses aspirations au bien et à la vie, ne peut posséder ni l'un ni l'autre, et que ce qu'il désire, le bien et la vie, est le partage unique de ces êtres qui lui sont étrangers, qu'il ne sait pas et ne saurait sentir, et dont il ne peut ni ne veut connaître l'existence. La chose la plus importante pour lui, la seule qui lui soit nécessaire, ce qui à ses yeux vit seul d'une vie véritable, son individualité, périt et ne sera qu'un mélange d'os et de vers, mais non plus lui, tandis que ce dont il n'a pas besoin, ce qui n'a pas d'importance à ses yeux, ce qu'il ne sent pas vivre, tout ce monde d'êtres occupés à lutter et à se supplanter, tout cela c'est la vie réelle, ce qui demeurera et vivra éternellement. De sorte que cette vie unique, la seule dont il ait conscience, cette vie, seul but de toute son activité, se réduit à je ne sais quoi de trompeur et d'irréalisable, tandis que la vie hors de lui, cette vie qu'il n'aime pas, qu'il ne sent pas, qui lui est inconnue, est seule véritable.

Ce qu'il ne sent pas offre seul les avantages dont il voudrait jouir lui-même. Ce n'est pas que cette idée se présente à son esprit aux heures de découragement, car ce n'est pas une idée à laquelle on puisse échapper, mais, au contraire, c'est une vérité tellement évidente et incontestable, que, si elle se présente une seule fois à l'esprit de l'homme, ou si d'autres la lui expliquent, il ne pourra jamais s'en débarrasser ni l'effacer de sa conscience.

CHAPITRE II

L'humanité a reconnu dès la plus haute antiquité la contradiction de la vie. Les sages, qui ont éclairé l'humanité, ont donné aux hommes des définitions de la vie expliquant cette contradiction intrinsèque, mais les Pharisiens et les Scribes les cachent aux hommes.

Ce que l'homme se représente tout d'abord comme le seul but de la vie, c'est le bien de sa propre individualité ; mais, pour l'individualité, le bien ne peut exister. Et, quand même il y aurait dans la vie quelque chose qui ressemble au bien, la vie dans laquelle seule est possible le bien, la vie de l'individualité est elle-même entraînée irrésistiblement à chaque mouvement, à chaque souffle, vers les souffrances, les maux, la mort et la destruction !

Et cela est si visible, si clair, que tout homme qui pense, jeune ou vieux, instruit ou ignorant doit le savoir. Ce raisonnement est si simple, si naturel, qu'il vient à l'esprit de chaque homme intelligent, et l'humanité l'a connu depuis les temps les plus reculés.

La vie de l'homme, en tant qu'individualité, n'aspirant qu'à son propre bien parmi le nombre infini des individualités semblables se détruisant les unes les autres et s'anéantissant elles-mêmes, cette vie est un mal et un non-sens, et la vraie vie ne peut être telle.

Dès les temps les plus anciens, l'homme s'est dit cela et les sages de l'Inde, de la Chine, de l'Égypte, de la Grèce et d'Israël se sont exprimés sur cette contradiction intrinsèque de la vie de la manière la plus claire et la plus intelligible. Dès la plus haute antiquité, l'esprit humain s'est ingénié à connaître pour l'homme un bien de telle nature que, ni la lutte des êtres entre eux, ni les souffrances, ni la mort ne le pussent détruire. C'est dans la mise en évidence de plus en plus nette

de ce bien de l'homme, bien indiscutable et
incapable d'être détruit par la lutte, les souffrances et la mort, que consiste toute la marche en avant de l'humanité depuis que nous
connaissons la vie.

Dès l'époque la plus reculée et chez les
peuples les plus divers, les grands maîtres
de l'humanité ont révélé aux hommes des
définitions de la vie de plus en plus claires,
expliquant sa contradiction intrinsèque, et
leur ont montré le vrai bien et la vraie vie
propres à l'homme. — Et comme dans ce
monde l'état de l'homme est le même, il s'en
suit que, pour chaque homme, la contradiction qui existe entre son aspiration vers son
bien personnel et la conscience qu'il a de
l'impossibilité de celui-ci, est également la
même, de sorte que toutes les définitions du
vrai bien et par suite de la vraie vie, révélées
aux hommes par les plus grands esprits de
l'humanité, sont identiques par leur essence
même.

« La vie, c'est un voyage et un perfection-
nement des âmes, qui vont se rapprochant de

plus en plus de la félicité », ont dit les Brahmines des temps les plus anciens.

« La vie, c'est l'épanouissement de la lumière descendue du ciel pour le bien de l'humanité », a dit Confucius quelques siècles plus tard, mille ans avant le Christ.

« La vie, c'est l'abnégation de soi-même, pour gagner le bienheureux « Nirvana », a dit Bouddha, le contemporain de Confucius.

« La vie, c'est la voie de l'humanité et de l'abaissement pour parvenir au bien », a dit un autre contemporain de Confucius, Lao-Tseu.

« La vie, c'est ce que Dieu a soufflé dans les narines de l'homme pour qu'en suivant sa loi il arrive au bien », a dit la sagesse hébraïque.

« La vie, c'est la soumission à la raison, soumission qui donne à l'homme le bonheur », ont dit les stoïciens.

« La vie, c'est l'amour de Dieu et du prochain qui donne le bien à l'homme », a dit le Christ, résumant ainsi dans sa définition toutes celles qui précèdent.

Telles sont les définitions de la vie qui, des milliers d'années avant nous, en montrant aux hommes, au lieu du bien illusoire et irréalisable de l'individualité, le bien réel et indestructible, résolvent la contradiction de la vie humaine et donnent à celle-ci un sens raisonnable.

On peut n'être pas d'accord avec les définitions de la vie et admettre qu'elles eussent pu être exprimées plus exactement, plus clairement, mais il est impossible de ne pas voir qu'elles sont d'une nature telle que leur reconnaissance, en détruisant la contradiction de la vie et en remplaçant la tendance de l'individualité vers un but irréalisable par une autre tendance vers un bien que, ni les souffrances, ni la mort ne peuvent détruire, donne à la vie un sens raisonnable.

On ne peut pas ne pas voir encore que ces définitions, vraies théoriquement, sont sanctionnées par l'expérience de la vie et que des millions et des millions d'hommes, qui les ont admises et les admettent, ont montré et montrent dans le fait la possibilité de remplacer l'aspiration de l'individualité au bien par une autre aspiration à un bien tel que ni les souffrances, ni la mort ne le puissent troubler.

Mais en dehors de ceux qui ont compris et qui comprennent les définitions de la vie révélées à l'humanité par les grands hommes qui l'ont éclairée, il y a toujours eu et il y a une immense majorité d'hommes, qui, pendant une certaine période de leur existence, quelquefois même toute leur vie durant, ont vécu et ne vivent que de la seule vie animale, et, non seulement ne comprennent pas les définitions qui servent à résoudre la contradiction de la vie humaine, mais ne voient même pas cette contradiction qu'elles résolvent. Et il y a toujours eu et il y a encore parmi ces hommes-là, d'autres hommes qui, par suite de leur situation exceptionnelle dans le monde, se croient appelés à guider l'humanité, et, ne comprenant pas eux-mêmes le sens de la vie humaine, ont enseigné et enseignent aux autres hommes le sens de cette vie qu'ils ne comprennent pas, affirmant que la vie humaine n'est autre chose que l'existence individuelle.

Ces faux docteurs ont toujours existé et existent encore de notre temps. Les uns professent oralement les doctrines de ces maîtres de l'humanité dans les traditions desquels ils ont été élevés ; mais, étrangers au sens raisonnable de ces doctrines, ils les transforment en révélations surnaturelles sur la vie passée et future des hommes, se contentant d'exiger la pratique des cérémonies. C'est là, dans sa plus large acception, l'enseignement des Pharisiens, c'est-à-dire des hommes qui professent que la vie, absurde par elle-même, peut être amendée par la croyance en une autre vie, gagnée par la pratique des cérémonies extérieures.

D'autres, n'admettant pas la possibilité d'une vie autre que celle que l'on voit, nient toute espèce de miracle, tout ce qui est surnaturel et affirment carrément que la vie de l'homme n'est autre chose que son existence animale, depuis sa naissance jusqu'à sa mort. Telle est la doctrine des Scribes, des gens

qui enseignent que, dans la vie de l'homme
en tant qu'animal, il n'y a rien de déraisonnable.

Et ces faux docteurs, les uns comme les
autres, malgré que leurs doctrines aient pour
base la seule et même ignorance grossière de
la contradiction essentielle de la vie humaine,
se sont toujours querellés et se querellent encore entre eux.

Ces deux sortes d'enseignement dominent
dans notre monde et, hostiles l'un à l'autre,
le remplissent de leurs disputes, dissimulant
aux hommes, derrière les disputes mêmes, les
définitions de la vie, qui, il y a des millions
d'années déjà, ont été données à l'humanité.

Les Pharisiens, ne comprenant pas cette
définition de la vie donnée aux hommes par
les maîtres dans la tradition desquels ils ont
été élevés, la remplacent par leurs interprétations mensongères de la vie future et s'efforcent en même temps de cacher aux hommes
les définitions de la vie données par les autres
maîtres de l'humanité, les présentant à leurs
disciples, dénaturées de la façon la plus gros-

sière et la plus brutale, croyant soutenir ainsi
l'autorité exclusive de la doctrine sur laquelle
ils basent leurs interprétations.

L'unité du sens raisonnable des définitions
de la vie données par les autres maîtres de
l'humanité ne leur parait pas, comme cela
devrait être, la meilleure preuve de la vérité
de leur enseignement; cette unité, en effet,
sape la confiance en ces fausses et absurdes
interprétations par lesquelles ils remplacent le
fond de la doctrine.

Les Scribes, eux, ne soupçonnant même
pas dans les doctrines des Pharisiens les bases
raisonnables, sur lesquelles elles se sont éle-
vées, repoussent catégoriquement tout enseignement d'une vie future, et assurent sans
hésiter que toutes ces doctrines ne reposent sur
rien, ne sont qu'un reste de coutumes gros-
sières nées de l'ignorance et que la marche en
avant de l'humanité consiste à ne se poser sur
la vie aucune question sortant des limites de
l'existence animale de l'homme.

CHAPITRE III

Erreur des Scribes.

Et, chose étonnante! ce fait que toutes les doctrines des grands esprits de l'humanité ont frappé les hommes par leur sublimité à un point tel que les gens grossiers ont attribué à la plupart d'entre elles un caractère surnaturel et ont fait de leurs fondateurs des demi-dieux, — ce qui est la marque capitale de l'importance de ces doctrines, — c'est cette circonstance même qui fournit aux Scribes la meilleure preuve, leur semble-t-il, de l'imperfection de ces doctrines et de la façon dont elles sont arriérées.

Ce fait que les doctrines d'Aristote, de Bacon, de Comte et d'autres ont été et restent

encore l'apanage d'un petit nombre de lec-
teurs et d'admirateurs, que ces doctrines, à
cause de leur fausseté, n'ont jamais pu exercer une influence sur les masses et par suite
n'ont pas subi les altérations et les amplifica-
tions qu'engendre la superstition, cette marque
même de leur insigniflance est admise comme
la preuve de leur vérité.

Quant aux doctrines des Brahmanes, de
Bouddha, de Zoroastre, de Lao-Tseu, de Confucius, d'Isaïe et du Christ, elles sont taxées
de superstition et d'erreur uniquement parce
qu'elles ont changé de fond en comble l'existence de millions d'individus.

Le fait que des milliards d'hommes ont vécu
et vivent selon ces superstitions parce que,
même à leur état d'altération, elles donnent
aux hommes des réponses aux questions sur
le vrai sens de la vie, que ces doctrines, non-
seulement se répandent, mais servent de fondement à la pensée des meilleurs hommes de
tous les siècles, qu'enfin les théories admises
par les Scribes ne sont propagées que par eux-
mêmes, sont toujours contestées, parfois ne

vivent même pas quelques dix ans, et sont oubliées dès leur apparition, tout cela ne les trouble pas le moins du monde.

Cette fausse direction des connaissances dans laquelle est engagée la société contemporaine ne se manifeste en rien plus clairement que dans la place qu'occupent dans cette société les doctrines de ces grands maîtres de la vie, selon lesquelles a vécu et s'est formée l'humanité, et selon lesquelles elle vit et se forme encore.

Dans les almanachs, au chapitre de la statistique, il est dit que le nombre des religions pratiquées par les habitants du globe terrestre s'élève à mille. Il est à supposer que le Bouddhisme, le Brahmanisme, la religion de Confucius, le Taosisme et le Christianisme sont compris dans ce nombre.

Mille religions! et les hommes de notre époque croient cela tout bonnement. Mille religions toutes absurdes, à quoi bon les étudier? Et les hommes de notre temps considèrent qu'il est honteux d'ignorer les dernières sentences dues à la sagesse de Spencer, de

Helmholtz et d'autres. Quant aux Brahmines, à Bouddha, à Confucius, à Lao-Tseu, à Epictète, à Isaïe, il arrive quelquefois qu'ils en connaissent les noms, mais souvent même ceux-ci leur sont inconnus. Il ne leur vient pas à l'esprit que le nombre des religions pratiquées de notre temps n'est pas le moins du monde de mille, mais qu'il se réduit à trois : la religion chinoise, la religion indienne et la religion hébraïque-chrétienne (celle-ci avec sa branche mahométane), et qu'on peut acheter pour cinq roubles et lire en deux semaines, les livres de ces religions; enfin que les livres selon lesquels toute l'humanité a vécu et vit encore maintenant, à l'exclusion des sept centièmes d'individus qui nous sont presque inconnus, contiennent toute la sagesse humaine, tout ce qui a fait l'humanité telle qu'elle est.

Que la foule ne connaisse pas les doctrines, c'est encore peu de chose, mais les gens instruits, eux-mêmes, s'ils n'en ont pas fait leur spécialité, les ignorent, et les philosophes de profession ne jugent pas nécessaire de jeter un coup d'œil sur ces livres.

En effet, pourquoi étudier ces hommes qui ont résolu la contradiction de la vie, reconnue par l'homme raisonnable, et défini le vrai bien et la vie des hommes ? Les Scribes, ne comprenant pas cette contradiction qui forme le principe de la vie raisonnable, affirment carrément que, comme ils ne la voient pas, la contradiction n'existe pas et que la vie de l'homme se réduit à son existence animale.

Ceux qui possèdent la vue comprennent et définissent ce qu'ils aperçoivent devant eux ; l'aveugle va piquant devant lui avec son bâton et affirme qu'il n'y a rien en dehors de ce que lui indique le tâtonnement de son bâton.

CHAPITRE IV

La doctrine des Scribes remplace la conception de la vie complète de l'homme par les manifestations visibles de son existence animale et tire de ces manifestations des déductions sur le but de sa vie.

La vie, c'est ce qui se passe dans l'être vivant depuis sa naissance jusqu'à sa mort. L'homme naît, le cheval, le chien naissent; chacun d'eux possède un corps particulier; ce corps vit un certain temps et puis meurt, se décompose, passe à d'autres êtres et cesse d'être. La vie était, la vie n'est plus. Le cœur bat, les poumons respirent: le corps ne se décompose pas, l'homme, le chien, le cheval vivent. Le cœur a cessé de battre, la respiration s'est arrêtée: le corps commence à se décomposer, l'homme, l'animal est mort, la vie n'est plus en lui... La

vie est donc ce qui se passe dans le corps de
l'homme, comme dans celui de l'animal, dans
l'intervalle de temps compris entre la naissance et la mort.

Que peut-il y avoir de plus clair? C'est ainsi
que les hommes les plus grossiers, les plus
ignorants, s'élevant à peine au-dessus de la
condition animale, ont envisagé et envisagent
encore la vie. Et voilà qu'à notre époque la
doctrine des Scribes, qui se nomme la science,
admet comme la seule vraie cette représentation de la vie, qui est la plus primitive et la
plus grossière.

Utilisant tout cet arsenal de connaissances
superficielles que les hommes ont acquises,
cette fausse doctrine veut les ramener systéma-
tiquement en arrière, vers cette nuit de l'ignorance, dont ils ont mis, au prix de tant d'efforts
et de peines, tant de milliers d'années à se débarrasser. Nous ne pouvons pas définir la vie
dans notre conscience, dit cette doctrine. Nous
nous égarons en l'examinant en nous-mêmes.
Cette conception du bien, de ce bien dont la
recherche constitue notre vie, pour notre con-

science, est un mirage trompeur; dans cette
conscience, on ne peut concevoir la vie. —
Pour comprendre la vie, il suffit de considérer
ses manifestations comme on considère tout
mouvement de la matière. Ce n'est que par ces
observations et par les lois qui en résultent,
que nous trouverons à la fois la loi de la vie
en général et celle de la vie de l'homme en
particulier (1).

Et voilà que cette fausse doctrine, après avoir
remplacé la conception de la vie complète de
l'homme, de cette vie dont il a conscience, par

---

(1) La vraie science, connaissant sa place et par suite
son objet, est modeste, ce qui fait sa puissance; elle n'a
jamais parlé et ne parle pas de la sorte.

La physique traite des lois et des rapports des forces
sans se préoccuper de ce qu'est la force elle-même, et
sans essayer d'expliquer sa nature. La chimie traite des
rapports de la matière sans s'inquiéter de ce qu'est
celle-ci ni de définir sa nature. La zoologie traite des
formes de la vie sans poser la question de la vie
elle-même, ni essayer de définir son essence. Et les
forces, la matière, la vie, ne sont pas envisagées par
les sciences comme des objets d'études, mais comme
des points d'appui pris pour axiomes dans un autre
domaine des connaissances humaines et sur lesquels
se construit l'édifice de chaque science séparément.

ce qu'on en voit, c'est-à-dire par l'existence animale, se met à étudier ces manifestations visibles, tout d'abord dans l'homme en tant qu'animal, puis, dans les animaux en général, dans les plantes, enfin dans la matière, soutenant constamment avec cela que c'est la vie elle-même qu'on étudie, et non quelques-unes seulement de ses manifestations.

Les observations sont si compliquées, si variées, si embrouillées, il faut leur sacrifier tant d'efforts et de temps, que les gens oublient peu à peu l'erreur primordiale qui a consisté à prendre une partie de l'objet pour l'objet lui-même et, en fin de compte, ils se convainquent complètement que l'étude des propriétés visibles de la matière, des plantes et des animaux est l'étude de la vie elle-même, de cette vie que l'homme ne reconnaît que dans sa conscience.

C'est ainsi que la vraie science considère son objet, et cette science n'a jamais eu l'influence pernicieuse et abrutissante qu'a eue la fausse science. Mais ce n'est pas ainsi qu'il envisage son objet, le philosophisme scientifique : matière, forces, vie, nous étudions tout cela, et du moment que nous l'étudions, nous pouvons bien connaître son essence.

Il se passe quelque chose de semblable à ce qui a lieu quand une personne montre les images d'une lanterne magique et qu'elle veut entretenir l'illusion des spectateurs.

Ne regardez nulle part ailleurs, dit la personne, que là où apparaît l'image réfléchie ; surtout ne regardez pas l'effet lui-même ; et même sachez que l'objet n'existe pas, mais seulement son image. Voilà précisément ce que fait, la fausse science des Scribes de notre époque en cherchant à gagner les bonnes grâces de la foule (1).

Issue directement d'une définition de la vie, qui ne tient pas compte de la tendance au bien, la fausse science observe les différents buts des êtres vivants et, trouvant dans le nombre des buts qui sont étrangers à l'homme, elle les lui impose.

La conservation de l'individualité, celle de l'espèce, la reproduction d'êtres semblables et la lutte pour l'existence, voilà le but des êtres vivants, tel qu'il ressort de cette observation

---

(1) Voyez le premier appendice à la fin du livre : « De la fausse définition de la vie. »

superficielle, et c'est ce même but illusoire
que la fausse science impose à l'homme.

La fausse science, ayant pris pour point de
départ une représentation arriérée de la vie, où
ne se voit pas cette contradiction de la vie humaine, qui en est le caractère principal — cette
prétendue science, dans ses dernières déductions, en arrive à ce que demande la grande
majorité des hommes, à reconnaître la possibilité du bien de la seule vie personnelle,
à reconnaître la vie personnelle et animale
comme le seul bien possible à l'homme.

La fausse science va même au delà des
exigences de la grossière multitude, exigences
auxquelles elle veut trouver une explication;
elle en arrive à affirmer ce que la conscience
réfléchie de l'homme repousse dès qu'elle se
manifeste, à déduire que la vie de l'homme,
comme celle de n'importe quel animal, consiste dans la lutte pour l'existence de l'individualité, du genre et de l'espèce (1).

(1) Voyez le deuxième appendice.

CHAPITRE V

Les fausses doctrines des Pharisiens et des Scribes n'expliquent pas plus le sens de la vraie vie qu'elles ne gui-
dent dans celle-ci. La coutume sans explication raisonnable est le seul guide de la vie.

Il est inutile de définir la vie, chacun la connaît, et nous vivons, disent les gens trompés
et entretenus dans leur illusion par les fausses
doctrines ; et, ne sachant pas ce qu'est la vie ni
quel est son bien, il leur semble qu'ils vivent,
de même qu'il semble à celui qui flotte au gré
des vagues, sans direction aucune, qu'il va vers
le lieu où il lui faut, où il veut aller.

Un enfant naît dans le besoin ou dans le luxe
et reçoit l'éducation des Pharisiens ou des
Scribes. Pour cet enfant, pour l'adolescent, la

contradiction de la vie, pas plus que la question de la vie elle-même n'existent encore, et
c'est pourquoi ni l'explication des Pharisiens,
ni celle des Scribes ne lui sont nécessaires et
ne peuvent le guider dans la vie. Il s'instruit
par le seul exemple des gens qui vivent autour
de lui, et cet exemple est le même, qu'il vienne
des Pharisiens ou des Scribes : les uns comme
les autres ne vivent que pour le bien de la vie
personnelle, et ce qu'ils enseignent à l'enfant
c'est seulement les moyens d'acquérir ce bien
illusoire.

Si ses père et mère sont dans le besoin, l'enfant apprend par eux que le but de la vie est
d'acquérir le plus de pain et d'argent avec le
moins de travail possible, de telle sorte que
l'individualité animale ait toute la jouissance
qu'elle peut avoir. S'il est venu au monde
au milieu du luxe, il apprend que le but de la
vie c'est la richesse, les honneurs, c'est de passer le temps le plus agréablement et le plus
joyeusement possible.

Toutes les connaissances que le pauvre
acquiert ne lui servent qu'à améliorer le bien

3.

de sa personnalité. Toutes les connaissances qu'acquiert le riche dans les sciences et dans les arts, en dépit de tous les grands mots sur la l'importance de la science et des arts, ne lui sont nécessaires que pour vaincre l'ennui et passer agréablement son temps. Plus ils vivent l'un et l'autre, plus fortement ils s'imprégnent des idées des gens du monde. Ils se marient, se créent une famille et l'avidité qu'ils mettent à acquérir les biens de la vie animale va en grandissant, justifiée qu'elle est par la famille même. La lutte avec les autres devient plus implacable et l'habitude s'établit de vivre seulement pour le bien de l'individualité.

Si dans l'esprit de l'un ou de l'autre, pauvre ou riche, il s'élève un doute sur le sens raisonnable d'une telle vie, si l'un ou l'autre se pose la question : pourquoi cette lutte sans but pour mon existence qui se continuera dans mes enfants, ou pourquoi cette poursuite décevante de jouissances, qui se termineront par des souffrances aussi bien pour moi que pour mes enfants? alors il n'y a presque pas de probabilité pour qu'on réponse à ces questions, il apprenne les définitions de la vie, données il y a bien longtemps à l'humanité par ses grands maîtres, qui se sont trouvés, des milliers d'années avant lui, dans les mêmes conditions.

Les doctrines des Pharisiens et des Scribes cachent si soigneusement ces définitions que bien peu parviennent à les voir. Les uns, les Pharisiens, à cette question : « Pourquoi cette vie misérable? » répondent : La vie est misérable, elle l'a toujours été et doit l'être toujours. Le bien de la vie n'est pas dans son présent, mais dans son passé, avant elle, et dans son futur, après elle. Et les Pharisiens, brahmines, bouddhistes, taosistes, hébreux, disent toujours cette seule et même chose.

La vraie vie est un mal, et l'explication de ce mal est dans le passé, dans l'apparition du monde et de l'homme, tandis que la réparation du mal existant est dans l'avenir, au-delà de la tombe. Tout ce que l'homme peut faire pour acquérir le bien, non dans cette vie, mais dans la vie future, c'est de croire à la doctrine que nous enseignons, de pratiquer les cérémonies que nous proscrivons.

Et celui qui doute, voyant par la vie de tous ceux qui vivent pour le bien personnel, par celle des Pharisiens mêmes qui vivent pour le même but, la fausseté de cette explication, refuse carrément de les croire, sans approfondir le sens de leur réponse, et s'adresse aux Scribes.

Toutes les doctrines sur n'importe quelle vie autre que la vie animale que nous voyons, sont le fruit de l'ignorance, disent les Scribes. Tous tes doutes sur le sens raisonnable de ta vie sont des rêves creux. La vie des mondes, de la terre, de l'homme, de l'animal, de la plante, a ses lois et nous les enseignons; nous recherchons l'origine des mondes et de l'homme, des animaux, des plantes et de toute la matière; nous recherchons aussi ce qu'il adviendra des mondes lorsque le soleil se refroidira, etc., etc., enfin ce qu'a été et ce que sera l'homme, chaque animal, chaque plante. Nous pouvons montrer et prouver que tout a été et sera comme nous le disons. Outre cela, nos investigations contribuent à l'amélioration du bien-être de l'homme. Mais de ta vie à toi, de ton aspiration au bien, nous ne pouvons rien te dire que tu ne saches sans nous; tu vis, et voilà tout, tâche de vivre aussi bien que possible.

Et celui qui doute, n'ayant reçu aucune réponse à sa question, pas plus des uns que des autres, reste comme il était auparavant sans autre guide dans la vie que les besoins de sa personnalité.

Parmi ceux qui doutent, les uns, suivant le raisonnement de Pascal, après s'être dit que tout ce par quoi les Pharisiens nous effraient, si nous ne suivons pas leurs prescriptions, peut être vrai, remplissent toutes les prescriptions des Pharisiens, quand ils en trouvent le temps (ils n'ont rien à y perdre, et peuvent en retirer un grand avantage); les autres, d'accord avec les Scribes, nient carrément l'existence de toute autre vie, aussi bien que toute cérémonie religieuse et se disent : « Je ne suis pas le seul, tous ont vécu et vivent de la sorte; advienne que pourra. » Les uns comme les autres restent privés de toute explication du sens de leur véritable vie. Et cependant il faut vivre.

La vie de l'homme est une série d'actes depuis le moment où il se lève jusqu'au moment où il se couche; chaque jour et sans cesse il lui faut choisir, dans les centaines d'actes qu'il a le pouvoir d'accomplir, ceux qu'il exécutera. Ni la doctrine des Pharisiens qui explique les mystères de la vie céleste, ni celle des Scribes, qui recherche l'origine des mondes et de l'homme et conclut sur leur destinée future, ne se préoccupent de le guider dans le choix de ses actions; et voilà cet homme qui, bon gré, mal gré, se soumet d'ores et déjà, non pas au raisonnement, mais au guide extérieur de la vie qui a toujours existé et qui existe dans toute société humaine.

Ce guide n'a aucune explication raisonnable: c'est pourtant lui qui explique l'immense majorité des actes de tous les hommes. Ce guide, c'est l'habitude de vivre des sociétés humaines, habitude qui règne avec d'autant plus de puissance sur les hommes que ceux-ci comprennent moins le sens de leur vie. Ce guide ne peut être défini nettement parce qu'il se compose des choses et des actes les plus différents par le temps et par le lieu. C'est pour les Chinois la coutume d'allumer les cierges sur les tablettes des parents; pour le mahométan le pèlerinage à certains lieux; pour l'Hindou une certaine quantité d'oraisons; pour le soldat la fidélité au drapeau et l'honneur de l'uniforme; pour l'homme du monde le duel, pour le montagnard la vendette; c'est la coutume de manger certains mets à des jours déterminés; c'est une certaine manière d'élever ses enfants; enfin ce sont les visites, un certain arrangement de l'habitation, certaines manières de célébrer les funérailles, les naissances et les noces, en un mot une foule d'actions et de procédés qui remplissent toute la vie. On donne à cela le nom de convenances, de coutumes, et plus souvent celui de devoir et même de devoir sacré.

Voilà ce qui règle la conduite de la majorité des hommes, et non les explications sur la vie données par les Pharisiens et les Scribes. Dès l'enfance, l'homme aperçoit autour de lui des gens qui accomplissent ces choses avec beaucoup d'assurance et de solennité, et, faute d'une explication rationnelle sur le sens de sa vie, non seulement il se met à accomplir ces mêmes actes, mais il s'efforce encore de leur attribuer un sens raisonnable. Il a besoin de croire que les gens qui font ces choses savent pourquoi et dans quel but ils font ce qu'ils font. Il cherche à se persuader que ces actions ont un sens raisonnable, et que ce sens, tout en étant peut-être encore un peu obscur pour lui, est clair pour les autres. Mais la plupart des autres hommes, faute d'une explication rationnelle du sens de la vie, se trouvent exactement dans le même cas que lui. S'ils font ces choses, c'est uniquement parce qu'ils s'imaginent que les autres en connaissent le sens et exigent d'eux qu'ils les fassent. Ainsi, à force de s'induire mutuellement en erreur, les hommes non seulement s'habituent de plus en plus à accomplir des actes dénués de sens raisonnable, mais encore ils s'habituent à leur attribuer on ne sait quelle signification mystérieuse, incompréhensible pour eux-mêmes. Et moins ils comprennent le sens de leurs actes, moins ces actes sont clairs pour eux-mêmes, plus ils y attachent d'importance, plus grande

est leur solennité en les accomplissant. Le riche
et le pauvre font ce qu'ils voient faire autour
d'eux, et ils nomment cela leur devoir, leur devoir sacré ; ils disent pour se tranquilliser que
des actes accomplis depuis si longtemps par un
si grand nombre d'hommes, qui y attachent tant
d'importance, sont évidemment la véritable
affaire de la vie. Jusqu'à l'âge le plus avancé,
jusqu'à la mort, ils s'efforcent de se persuader
que s'ils ne savent pas eux-mêmes pourquoi ils
vivent, d'autres le savent : mais ceux-ci sont
tout aussi ignorants sur ce point que ceux qui
s'en rapportent à eux.

De nouveaux hommes entrent dans l'existence, naissent, grandissent et, voyant cette
agitation fiévreuse à laquelle on donne le nom
de vie, agitation à laquelle prennent part des
vieillards aux cheveux blancs, respectables et
entourés de vénération, ils sont convaincus
que ce remue-ménage insensé est la vie et
qu'il n'y en a pas d'autre, et ils s'en vont
après s'être bousculés sur le seuil. C'est ce
que ferait un homme qui, ignorant ce que
c'est qu'une assemblée, s'imaginerait que la

4

foule qui se presse bruyante et animée près de la porte est l'assemblée elle-même, et retournerait chez lui, après avoir été bousculé sur le seuil, avec les côtes meurtries et la ferme conviction d'avoir fait partie d'une assemblée.

Le percement des montagnes, les voyages autour du monde, l'électricité, le microscope, le téléphone, la guerre, le parlement, la philanthropie, la lutte des partis, les universités, les sociétés savantes, les musées, n'est-ce pas la vie ?

Toute l'activité fiévreuse et compliquée des hommes avec leur commerce, leurs guerres, leurs voies de communication, leur science, leurs arts, n'est le plus souvent que l'agitation insensée de la foule qui se presse sur le seuil de la vie.

CHAPITRE VI

Dédoublement de la conscience des hommes de
notre siècle.

« En vérité, en vérité, je vous le dis, le
temps vient et il est déjà venu que les morts
entendront la voix du fils de Dieu, et ceux qui
l'auront entendue, vivront. » Et ce temps arrive. L'homme a beau se persuader, les autres
ont beau lui affirmer que la vie ne peut être
heureuse et raisonnable qu'au delà de la
tombe, ou que la vie individuelle seule peut
être heureuse et raisonnable, il ne peut le
croire. Il sent au fond de son cœur le besoin
irrésistible d'une vie heureuse et raisonnable,

et considère celle qui n'a d'autre but que
l'existence d'outre-tombe, ou le bien impossible à acquérir de son individualité, comme
un mal et une absurdité.

Vivre en vue de la vie future ? se dit
l'homme. Mais si cette vie, cet unique échan-
tillon de vie que je connais, si ma vie présente doit être absurde, loin de me confirmer
dans la possibilité d'une autre vie raisonnable,
cela me prouve, au contraire, que la vie dans
son essence est une absurdité, que la vie doit
être absurde.

Vivre pour soi ? Mais ma vie individuelle
est un mal et une absurdité. Vivre pour sa
famille ? Pour sa communauté ? Pour sa patrie,
pour l'humanité même ? Mais si la vie de mon
individualité est malheureuse et absurde, il en
est de même de la vie de toute autre individualité humaine ; par conséquent la réunion
d'un nombre infini d'individualités absurdes
et déraisonnables ne pourra jamais former une
seule vie heureuse et raisonnable. Vivre isolé-
ment sans savoir pourquoi, en faisant ce que
les autres font ? Mais je sais que les autres, de

même que moi, ne savent pas eux-mêmes pourquoi ils font ce qu'ils font.

Le temps arrive où la conscience réfléchie commence à prendre le dessus sur les fausses doctrines, et l'homme s'arrête au milieu de la vie en demandant des explications (1).

Il n'y a que l'homme n'ayant aucun rapport avec ceux qui mènent un autre genre de vie que le sien, et celui dont les forces sont occupées dans une lutte incessante avec la nature pour soutenir son existence physique, qui puissent croire que l'accomplissement des œuvres insensées qu'ils qualifient de devoir, est réellement le devoir véritable de leur vie.

Le temps arrive, il est déjà arrivé, où l'imposture qui nous présente comme étant la vie la négation (en paroles) de la vie présente, dans le but de se préparer à une vie future, et l'imposture qui ne reconnaît comme vie que la seule existence animale, le temps arrive, dis-je, où cette double imposture devient évi-

(1) Voir le 3ᵉ appendice.

dente à la majorité des hommes, où il n'y a plus que les gens écrasés par la nécessité ou abrutis par une vie voluptueuse, qui puissent encore exister sans sentir l'absurdité et la misère de leur existence.

Les hommes s'éveillent de plus en plus fréquemment à la voix de la conscience réfléchie ; il ressuscitent dans leurs sépulcres, et la contradiction essentielle de la vie humaine, malgré tous les efforts des hommes pour la cacher à leurs regards, se manifeste à la majeure partie de l'humanité avec une force et une clarté terribles.

« Toute ma vie est la recherche de mon propre bien, se dit l'homme à son réveil, or ma raison me dit que ce bien ne peut exister pour moi et que, quoi que je fasse, quoi que j'obtienne, tout finira de la même manière par les souffrances, la mort et la destruction. Je veux le bien, je veux la vie, je veux ce qui est raisonnable, et je ne trouve au-dedans de moi et dans tout ce qui m'entoure que le mal, la mort, le non-sens. Que devenir ? Comment vivre ? Que faire ? »

Pas de réponse.

L'homme regarde autour de lui, cherchant une réponse à sa question et ne la trouve pas. Il trouve des doctrines, qui répondent à des questions qu'il ne se pose même pas ; mais il n'y a pas dans le monde qui l'entoure de réponse à sa question. Autour de lui, pour toute réponse, il ne trouve partout que la même agitation de gens qui font sans savoir pourquoi ce que d'autres font également en le sachant encore moins.

Tous vivent comme s'ils n'avaient pas conscience de la misère de leur état et de l'insanité de leurs actes. « Ils sont insensés, ou c'est moi qui le suis, se dit l'homme qui s'éveille. Mais tous ne sauraient être insensés ; c'est donc moi qui le suis. Mais non, ce moi raisonnable, qui me dit cela, ne peut être insensé. Bien qu'il soit seul contre le monde entier, je ne puis pas ne pas le croire. »

Et l'homme se sent isolé dans le monde en présence des terribles questions qui déchirent son âme. Et cependant il faut vivre.

L'un de ses moi, son individualité, lui or-

donne de vivre. Mais l'autre moi, sa raison,
lui dit : « Il est impossible de vivre. »

L'homme sent qu'il s'est dédoublé, et ce
dédoublement déchire douloureusement son
âme. Et sa raison lui semble la cause de ce
dédoublement et de cette souffrance.

La raison, cette faculté supérieure de
l'homme indispensable à sa vie, qui lui donne
à lui, créature nue et sans secours au milieu
des forces destructives de la nature, des
moyens d'existence et de jouissance, c'est
précisément cette faculté qui empoisonne sa
vie.

Dans tout le monde qui l'entoure, parmi les
êtres vivants, les facultés qui sont propres à
ces êtres leur sont indispensables, sont communes à tous et contribuent à leur bonheur.
Les plantes, les insectes, les animaux, en se
soumettant aux lois qui leur sont propres,
vivent d'une vie heureuse, joyeuse et calme.
Et voilà que, dans l'homme, cette faculté supérieure, propre à sa nature, produit en lui un
état si douloureux que souvent (de plus en
plus fréquemment de notre temps) il tranche

le nœud gordien de son existence, qu'il se tue pour se soustraire à la cruelle contradiction de cette existence qui de nos jours a atteint son plus haut degré d'intensité.

CHAPITRE VII

Le dédoublement de la conscience provient de ce que l'on confond la vie de l'animal avec la vie de l'homme.

C'est uniquement parce que l'homme considère comme vie ce qui ne l'a jamais été, ce qui ne l'est pas et ne saurait l'être, qu'il semble à l'homme au moment du réveil de sa conscience réfléchie, que sa vie se déchire et s'arrête.

Élevé au milieu des fausses doctrines de notre siècle, qui l'ont confirmé dans l'idée que la vie n'est autre chose que son existence individuelle, dont le point de départ est sa naissance, l'homme s'imagine qu'il a vécu à l'époque où il était nouveau-né, enfant, puis que sa vie a continué de l'adolescence à l'âge mûr. Il lui semble qu'il a vécu une longue période d'années sans interruption aucune; et tout à coup il arrive à une époque où il voit clairement jusqu'à l'évidence, qu'il lui est désormais impossible de vivre comme il a vécu jusqu'à ce jour, et que sa vie s'arrête et se déchire.

La fausse doctrine l'a confirmé dans l'idée que sa vie est cette période de temps comprise entre le berceau et la tombe. En considérant la vie visible des animaux, il a confondu la conception de cette vie avec sa conscience et s'est pleinement convaincu que cette vie visible est en effet sa vie véritable. Mais la conscience réfléchie qui s'est éveillée engendre en lui des besoins que sa nature animale ne peut satisfaire, et il comprend toute la fausseté de ses idées sur la vie. Cependant la fausse doctrine dont il est imbu l'empêche de reconnaître son erreur. Il ne peut renoncer à se représenter la vie autrement que comme une existence animale. Il lui semble que le réveil de la conscience réfléchie a arrêté sa vie. Mais ce qu'il appelle sa vie, ce qui lui paraît interrompu, n'a jamais existé. Ce qu'il appelle sa vie, son existence depuis la naissance, ne l'a jamais été. L'idée qu'il a vécu sans interruption depuis sa naissance jusqu'au moment présent, est une illusion de la conscience semblable à celle qu'on éprouve pendant le rêve. Les songes se sont tous formés au moment du réveil, auparavant ils n'existaient pas. Avant le réveil de la conscience réfléchie l'homme ne vivait pas : la conception de sa vie passée s'est formée au moment de son réveil.

Pendant son enfance, l'homme a vécu comme un animal sans avoir aucune idée de la vie. S'il n'avait vécu que dix mois, il n'aurait jamais eu conscience de sa vie ou de n'importe quelle autre vie. C'eût été comme s'il fût mort dans le sein de sa mère. Et ce qui est vrai du nouveau-né est vrai également de l'homme fait privé de raison, de l'idiot, car ils ne peuvent avoir conscience de leur vie et de celle des autres êtres; aussi ne vivent-ils point d'une vie proprement humaine. La vie humaine ne commence qu'au moment où se manifeste la conscience réfléchie. C'est elle, en effet, qui découvre à l'homme d'un seul coup sa vie présente et sa vie passée, la vie des autres individualités, et tout ce qui résulte inévitablement de leurs rapports, c'est-à-dire les souffrances et la mort —ces conditions de la vie qui amènent l'homme à nier le bien de la vie individuelle, et à concevoir la contradiction de cette vie qui semble l'arrêter.

L'homme veut déterminer sa vie par la durée comme il le fait pour l'existence visible extérieure, et soudain il voit apparaître en lui une vie qui ne coïncide pas avec l'époque de sa naissance charnelle, et il se refuse à croire que la vie est précisément ce qui ne peut être déterminé par le temps. Mais il a beau chercher dans la durée un point qu'il puisse considérer comme le commencement de sa vie rationnelle, il ne le trouvera jamais (1).

(1) Il n'y a rien de plus commun que d'entendre des raisonnements sur le principe et le développement de la vie humaine et de la vie générale dans la durée. Les personnes qui discutent sur ce sujet croient se trouver sur le terrain solide de la réalité, tandis qu'il n'y a rien de plus fantastique que leurs raisonnements sur l'évolution de la vie dans la durée. On dirait un homme

Il ne trouvera jamais dans ses souvenirs ce point, ce commencement de la conscience réfléchie. Il lui semble qu'elle a toujours résidé en lui. S'il découvre quelque chose d'analogue à l'origine de cette conscience, ce n'est pas en tout cas dans sa naissance charnelle, mais dans une région qui n'a rien de commun avec elle. Sa naissance rationnelle lui apparaît sous un tout autre aspect que sa naissance charnelle. Quand l'homme s'interroge sur l'origine de sa conscience réfléchie, il ne se considère jamais en tant qu'être raisonnable, comme le

qui, voulant mesurer une ligne quelconque, choisirait sur une ligne infinie, à des distances indéterminées, des points imaginaires, et mesurerait l'espace compris entre ces points et lui, au lieu de commencer à partir du point connu qu'il occupe. N'est-ce pas ainsi que se comportent les gens qui discutent sur le principe et le développement de la vie dans l'homme? En effet, où trouver sur cette ligne infinie qui est le développement de la vie humaine dans le passé, ce point arbitraire à partir duquel il soit possible de commencer l'histoire fantastique de l'évolution de cette vie. Est-ce la naissance ou la procréation de l'enfant ou de ses parents, ou, en remontant plus haut, l'animal primitif, le protoplasme ou le premier fragment détaché du soleil? Tous ces raisonnements sont du domaine de la pure fantaisie ; c'est mesurer sans mesure.

fils de son père, de sa mère, le petit-fils d'aïeuls paternels ou maternels, nés en telle année ; mais, mettant de côté toute idée d'une filiation quelconque, il sent qu'il s'identifie avec la conscience d'êtres raisonnables, qui lui sont complètement étrangers par le temps et l'espace, qui ont vécu plusieurs milliers d'années avant lui à l'autre bout du monde. Il ne découvre même pas de traces de son origine individuelle dans sa conscience réfléchie, mais il sent le lien qui l'unit, en dehors du temps et de l'espace, à d'autres consciences réfléchies qui, comme s'il entrait en elles ou si elles entraient en lui, s'identifient avec la sienne. C'est à cause du réveil de la conscience réfléchie qu'il lui semble que s'arrête ce simulacre de vie que les hommes égarés prennent pour la vraie vie : les hommes se figurent que leur vie s'arrête alors qu'elle s'éveille.

CHAPITRE VIII

Le dédoublement et la contradiction ne sont qu'appa-
rents ; ils sont la conséquence d'une fausse doctrine.

C'est uniquement une fausse doctrine sur
la vie humaine, envisagée comme existence
animale depuis la naissance jusqu'à la mort,
doctrine dans laquelle grandissent et s'affer-
missent les hommes, — qui produit cet état
douloureux de dédoublement, auquel ils arrivent quand apparaît en eux la conscience
réfléchie.

Il semble à celui qui partage cette erreur
que sa vie se dédouble.

Il sait que la vie est une, et il ressent deux
vies. Quand on fait rouler une petite boule
entre deux doigts croisés l'un sur l'autre, on
éprouve la sensation de deux boules, bien

qu'on sache qu'il n'y en a qu'une. L'homme qui s'est pénétré d'une fausse idée de la vie, éprouve le même phénomène.

La raison de l'homme suit une fausse direction. On lui a enseigné à considérer comme vie ce qui ne saurait l'être, à savoir l'existence charnelle de son individualité.

Et voilà qu'avec la fausse idée d'une vie imaginaire, l'homme observe sa vie et s'aperçoit qu'il y en a deux : celle qu'il s'était figurée, et celle qui existe en réalité.

Aux yeux d'un tel homme, le renoncement au bien individuel et le besoin d'un autre bien formulés par la conscience réfléchie, sont quelque chose de maladif et d'anormal. Mais pour l'homme, en tant qu'être raisonnable, le renoncement au bien et à la vie individuels est la conséquence nécessaire des conditions de la vie individuelle et de la nature même de la conscience réfléchie, qui lui est unie. Le renoncement au bien et à la vie individuels est, pour un être raisonnable, une condition de sa vie, tout aussi naturelle que pour l'oiseau de se servir de ses ailes et non de ses pattes. Si

le petit oiseau, quoique couvert de plumes, se
sert de ses pattes, cela ne prouve pas que sa
nature ne soit pas de voler. Si nous voyons encore autour de nous des hommes dont la conscience ne s'est pas encore éveillée et qui font
reposer leur vie sur le bonheur individuel, cela
ne prouve pas qu'il ne soit pas propre à l'homme
de vivre de la vie rationnelle. Si le réveil à la
vraie vie, qui est le propre de l'homme, s'ef-
fectue dans notre siècle avec un effort si douloureux, c'est que le faux enseignement du
monde s'efforce de persuader aux hommes que
le simulacre de la vie est la vie même, et que
la manifestation de la vraie vie n'est autre
chose que la violation de sa loi. Les hommes
de notre siècle, qui entrent dans la vraie vie,
sont, pour ainsi dire, dans une situation analogue à celle d'une vierge qui ignorerait la
nature de la femme. A l'apparition des premiers
symptômes de la puberté, cette vierge considérerait cet état, qui la convie à la vie de famille, aux devoirs et aux joies de la maternité,
comme un état maladif et anormal, qui la ré-
duirait au désespoir.

Les hommes de notre siècle éprouvent un désespoir analogue, aux premiers symptômes de leur réveil à la vraie vie humaine. L'homme en qui s'est éveillée la conscience réfléchie, mais qui envisage encore sa vie à un point de vue individuel, se trouve dans le même état douloureux qu'un animal qui, faisant consister sa vie dans le mouvement de la matière, ne voudrait pas reconnaître la loi à laquelle est soumise son individualité et ne concevrait sa vie que comme la soumission aux lois de la matière, dont l'exécution a lieu à son insu. Cet animal éprouverait intérieurement une cruelle contradiction et un dédoublement. En ne se soumettant qu'aux lois de la matière, il croirait que sa vie consiste à rester couché et à respirer, tandis que son individualité exigerait autre chose : la nutrition et la reproduction de l'espèce ; alors, cet animal croirait éprouver un dédoublement et une contradiction. La vie, selon lui, consisterait à obéir aux lois de la pesanteur, c'est-à-dire à ne pas se mouvoir, à rester couché et à se soumettre aux réactions chimiques qui se produisent dans le corps, —

et cependant, tout en faisant cela, il lui faudrait encore se mouvoir, se nourrir, rechercher la femelle ou le mâle.

Cet animal souffrirait et considérerait cet état comme une cruelle contradiction et un dédoublement. C'est ce qui arrive à l'homme habitué à considérer la loi inférieure de sa vie, son individualité animale, comme la loi même de sa vie. La loi supérieure de la vie, la loi de sa conscience réfléchie, exige autre chose de lui ; mais toute la vie qui l'entoure, aussi bien que les fausses doctrines, l'entretiennent dans cette illusion, et il éprouve la contradiction et le dédoublement.

Mais, de même que l'animal, pour cesser de souffrir, il doit reconnaître pour sa loi, non point la loi inférieure de l'individualité, mais la loi supérieure qu'il découvre dans sa conscience réfléchie et qui renferme elle même cette première loi ; alors il verra disparaître la contradiction ; son individualité se soumettra librement à la conscience réfléchie et servira à ses fins.

CHAPITRE IX

Naissance de la vraie vie dans l'homme.

En examinant la vie dans la durée, et en observant son apparition dans l'être humain, nous constatons que la vraie vie est toujours renfermée dans l'homme comme dans le grain, et qu'il arrive un temps où elle se manifeste. La manifestation de la vraie vie consiste en ce que l'individualité animale pousse l'homme à la recherche de son bien, tandis que la conscience réfléchie lui fait sentir l'impossibilité d'acquérir le bien individuel et lui en indique un autre. L'homme cherche à découvrir ce bien qui lui est indiqué dans l'éloignement, mais, ne pouvant l'apercevoir, il n'y croit point d'abord et revient à son bien individuel. Cependant la conscience réfléchie, qui lui fait entrevoir vaguement son bien, lui montre d'une manière si évidente et si persuasive l'impossibilité d'acquérir le bien individuel, que l'homme y renonce encore et regarde de rechef ce nouveau bien qui lui est désigné. Il n'aperçoit pas encore ce bien raisonnable, mais le bien individuel est si complètement détruit qu'il voit l'impossibilité où il est de continuer à vivre de son existence individuelle et il commence à s'établir en lui un rapport nouveau entre sa conscience réfléchie et sa conscience animale.

L'homme commence à naître à la vraie vie humaine. Il arrive alors quelque chose d'analogue à ce qui a lieu à chaque naissance dans le monde matériel. Le fruit naît non point parce qu'il veut naître, parce que cela lui plaît ou bien parce qu'il sait qu'il est bon de naître, mais parce qu'il est parvenu à maturité et qu'il ne peut plus continuer son existence d'autrefois; il doit suivre le cours de sa vie nouvelle, non point que cette vie l'appelle, mais parce que son existence précédente est devenue impossible.

La conscience réfléchie se développant insensiblement dans son individualité, y prend de telles proportions que la vie individuelle devient impossible.

Il se produit un phénomène identique à celui qui a lieu dans la germination de toutes choses: la même destruction du grain dans sa forme de vie antérieure et l'apparition d'un nouveau germe; la même lutte apparente de la forme précédente du grain qui se décompose, et l'accroissement du germe; la même nutrition du germe aux dépens du grain qui se décompose.

Pour nous, la différence entre la naissance de la conscience réfléchie et la germination visible consiste en ceci : tandis que dans celle-ci nous voyons, dans la durée et l'étendue, ce qui naît du germe, la cause, l'époque et les conditions de cette naissance; tandis que nous savons que ce grain est un fruit, que dans certaines conditions il en sortira une plante, que celle-ci aura à son tour une fleur et ensuite un fruit pareil au grain (sous nos yeux

s'accomplit ainsi toute l'évolution de la vie),
nous n'apercevons ni le développement de la
conscience réfléchie, ni son évolution, parce
que c'est nous qui l'accomplissons nous-
même; notre vie n'est pas autre chose que la
naissance en nous de l'être invisible, c'est
pourquoi il nous est impossible de le voir.
Nous ne pouvons distinguer la naissance de
ce nouvel être, ce rapport nouveau entre la
conscience réfléchie et la conscience animale,
de même que le grain ne peut voir la croissance de sa tige. Quand la conscience réfléchie sort de son état latent et apparaît en
nous, il nous semble que nous éprouvons une
contradiction. Mais il n'existe en réalité aucune contradiction, pas plus que dans le grain
qui germe. Dans celui-ci nous voyons que la
vie qui résidait auparavant dans l'enveloppe,
se trouve à présent dans le germe. De même
dans l'homme dont la conscience réfléchie
s'est éveillée, il n'y a aucune contradiction, il
y a seulement la naissance d'un nouvel être,
d'un rapport nouveau entre la conscience réfléchie et l'animal.

Quand l'homme existe sans savoir que d'autres individualités existent également, sans savoir que les jouissances ne peuvent le satisfaire, qu'il mourra, il ne sait même pas qu'il vit, et alors il n'y a pas de contradiction en lui.

Mais quand il a remarqué que les autres individualités sont de même nature que lui, que les souffrances le menacent, que son existence est une mort lente, lorsque la conscience réfléchie a produit la décomposition de l'existence de son individualité, alors il ne peut plus placer sa vie dans cette individualité en décomposition, il doit forcément la mettre dans cette nouvelle vie qui s'ouvre devant lui, et alors même il n'y a pas de contradiction, pas plus qu'il n'y en a dans le grain qui a déjà produit un germe, et qui pour cette raison s'est décomposé.

CHAPITRE X

La raison est la loi reconnue par l'homme, conformément à laquelle se produit sa vie.

La vraie vie de l'homme, qui se manifeste
dans le rapport entre sa conscience réfléchie
et sa conscience animale, n'apparait que
lorsqu'il renonce au bien de l'individualité
animale. Or ce renoncement n'a lieu que lorsque la conscience réfléchie s'éveille. Mais
qu'est-ce que la conscience réfléchie ? L'évangile selon saint Jean dit que le Verbe,
« Logos », (Logos, c'est-à-dire raison, sagesse,
Verbe) est le principe, que tout est en lui et
procède de lui ; par conséquent, la raison, ce
qui détermine tout le reste, ne peut en aucune
manière être définie.

La raison ne peut être définie et nous n'avons pas besoin de la définir, car non seulement nous la connaissons tous, mais nous ne connaissons qu'elle. Dans nos rapports les uns avec les autres nous sommes convaincus d'avance, plus que de toute autre chose, que cette raison est également obligatoire pour nous tous. Nous sommes tous convaincus que la raison est la base unique qui unit tous les êtres vivants.

Il n'y a rien que nous connaissions avec plus de certitude que la raison. Cette connaissance précède toutes les autres, de sorte que tout ce que nous connaissons dans le monde, nous ne le connaissons qu'en vertu de sa conformité aux lois de la raison, lesquelles nous sont connues d'une manière indubitable. Nous connaissons la raison et nous ne pouvons l'ignorer. En effet, la raison est la loi suivant laquelle doivent forcément vivre les êtres raisonnables, c'est-à-dire les hommes. La raison est la loi qui régit la vie de l'homme. C'est une loi analogue à celles qui régissent la nutrition et la reproduction de l'animal, la

croissance et la floraison de l'herbe et de
l'arbre, le mouvement de la terre et des astres.
La loi que nous sentons en nous, que nous
savons être celle de notre vie, c'est la même
loi que celle qui régit tous les phénomènes
extérieurs du monde ; la seule différence
c'est qu'en nous-mêmes nous la considérons
comme la loi à laquelle nous devons nous soumettre, tandis que dans les phénomènes extérieurs nous la regardons comme la loi de ce
qui s'accomplit sans notre participation. Toute
notre connaissance du monde se résume dans
cette soumission à la loi de la raison dont nous
voyons la manifestation en dehors de nous
dans les corps célestes, dans les animaux,
dans les plantes, dans l'univers tout entier.
Dans le monde extérieur nous voyons cette
soumission à la raison ; en nous-mêmes, nous
la reconnaissons comme la loi que nous devons
exécuter.

L'erreur ordinaire sur la vie consiste en ce
que nous prenons pour la vie humaine la soumission de notre corps à sa loi, soumission
visible, mais qui n'est pas produite par nous,

tandis que cette loi de notre corps s'accomplit en lui, d'une manière tout aussi inconsciente que dans l'arbre, dans le minéral, dans le corps céleste. Mais la loi de notre vie, c'est-à-dire la soumission de notre corps à la raison, est une loi qui n'est pas visible, que nous ne pouvons voir, parce qu'elle n'est pas encore accomplie, mais est en voie d'accomplissement par nous dans notre vie. Ce n'est que dans l'accomplissement de cette loi, c'est-à-dire dans la soumission de notre nature animale à la loi de la raison, en vue d'acquérir le bien, que consiste notre vie. Quand nous ne comprenons pas que notre bien et notre vie consistent dans la soumission de notre individualité animale à la loi de la raison, quand nous faisons consister notre vie dans le bien et l'existence de cette individualité, quand nous nous refusons à la tâche qui nous a été assignée, nous sommes privés de notre vrai bien et de notre vraie vie, et nous y substituons l'existence visible de notre activité animale, qui s'accomplit indépendamment de nous et ne saurait par conséquent être notre vie.

6.

CHAPITRE XI

Fausse direction du savoir.

L'erreur qui consiste à prendre pour la loi de notre vie la loi dont nous voyons l'accomplissement dans notre individualité animale, est une erreur ancienne dans laquelle sont constamment tombés et tombent encore les hommes. Cette erreur cache aux hommes l'objet principal de leur savoir, c'est-à-dire la soumission de l'individualité animale à la raison en vue d'acquérir le bien de la vie, et y substitue l'étude de l'existence des hommes, indépendamment du véritable bien de l'homme.

Au lieu d'étudier la loi à laquelle l'indivi-

dualité animale de l'homme doit se soumettre
pour acquérir son bien, au lieu d'étudier tous
les autres phénomènes du monde après avoir
acquis la connaissance de cette loi fondamentale, le faux savoir dirige ses efforts uniquement vers l'étude du bien et de l'existence
animale de l'homme, en laissant de côté l'objet
principal du savoir, c'est-à-dire la soumission
de l'individualité animale de l'homme aux
lois de la raison pour acquérir le bien de la
vraie vie.

Le faux savoir, négligeant cet objet capital de la science, tourne ses efforts vers l'é-
tude de l'existence animale des hommes du
passé et du temps présent et vers l'étude des
conditions d'existence de l'homme en général,
en tant qu'animal. Il s'imagine que ces études
lui serviront de guide pour découvrir le bien
de la vie humaine.

Le faux savoir raisonne de la manière suivante : les hommes existent et ont existé
avant nous ; voyons quelle a été leur existence, quelles modifications elle a subies
dans la durée et dans l'espace, et où tendent

ces modifications. Ces changements historiques nous feront connaître la loi de leur vie.

Négligeant le but principal du savoir, l'étude de la loi rationnelle à laquelle doit se soumettre l'individualité de l'homme en vue de son bonheur, les prétendus savants de cette catégorie, par le but même qu'ils se proposent dans leurs études, en avouent l'inutilité. En effet, si l'existence des hommes ne change qu'en raison des lois générales de leur existence animale, l'étude des lois auxquelles elle est soumise est complètement inutile et oiseuse.

Que les hommes connaissent ou non la loi des modifications de leur existence, cette loi s'accomplit exactement de la même manière que cela a lieu dans la vie des taupes et des castors, suivant le milieu dans lequel ils se trouvent. Mais, s'il est possible à l'homme d'arriver à la connaissance de la loi rationnelle qui doit gouverner sa vie, il est évident qu'il ne peut en puiser la connaissance que là où elle est à sa portée, c'est-à-dire dans sa conscience réfléchie. Par conséquent,

les hommes ont beau étudier l'existence passée
de l'homme en tant qu'animal, ils ne sauront
jamais sur cette existence que ce qui se fût
également passé dans l'humanité sans cette
étude, et jamais, malgré toutes leurs recherches sur l'existence animale de l'homme, ils
ne connaîtront la loi qui doit régir cette existence pour acquérir le bien de la vie. C'est
là la première espèce de vaines théories sur
la vie qu'on appelle sciences historiques et
politiques.

Il existe une autre espèce de théories,
particulièrement en vogue de notre temps,
qui perdent complètement de vue l'unique
objet du savoir. En prenant l'homme pour
objet de nos observations, disent les savants,
nous voyons qu'il se nourrit, croît, se repro-
duit, vieillit et meurt comme tout autre
animal ; mais il y a quelques phénomènes psy-
chiques (c'est ainsi qu'on les nomme), qui
s'opposent à la rigueur des observations et
présentent une trop grande complexité ;
c'est pourquoi, afin de mieux comprendre
l'homme, il faut d'abord examiner la vie dans

ses plus simples manifestations, comme celles que nous observons chez les animaux et les plantes qui sont privés de cette activité psychique. A cet effet, il faut observer la vie des animaux et des plantes en général. En considérant les animaux et les plantes en général, nous voyons apparaître en eux les lois de la matière qui sont encore plus simples et qui sont communes à tous. Or, comme les lois de la vie des animaux sont plus simples que celles de la vie de l'homme, celles des plantes encore plus simples et celles de la matière plus simples que toutes les autres, il faut donc établir les recherches sur ce qu'il y a de plus simple, c'est-à-dire sur les lois de la matière. Nous voyons que ce qui se passe dans les plantes et les animaux se passe également dans l'homme, disent-ils, par conséquent, nous en concluons que tout ce qui se passe dans l'homme trouve son explication dans les phénomènes de la matière inanimée la plus rudimentaire, visible et soumise à nos expériences, et cela d'autant plus que toutes les parties de l'activité humaine sont sous la perpétuelle dépendance des forces qui agissent dans la matière. Toute modification de la matière dont se compose le corps de l'homme, modifie et trouble toute son activité. C'est pourquoi ils en concluent que les lois de la matière sont les causes de l'activité de l'homme. Ils ne sont point déconcertés par l'idée qu'il y a dans l'homme quelque chose que nous ne voyons ni dans les animaux, ni dans les plantes, ni dans la matière inanimée, et que ce je ne sais quoi est l'objet unique du savoir, cet objet sans lequel tout est inutile.

Ils ne songent pas que si une modification de la matière, dans le corps de l'homme, trouble son activité, cela prouve seulement que cette modification de la matière est une des raisons qui troublent cette activité, mais non pas que le mouvement de la matière en est la cause. Ainsi le dommage causé à la plante, quand on enlève la terre de dessous ses racines, prouve que la terre peut être déplacée à volonté, mais non que la plante est un produit de la terre. Et ils étudient dans l'homme les mêmes phénomènes que dans la matière inanimée, dans la plante et dans l'animal, supposant que la connaissance des lois qui régissent les phénomènes de la vie humaine, peut leur expliquer cette vie même.

Pour comprendre la vie de l'homme, c'est-à-dire la loi à laquelle doit être soumise son individualité animale pour acquérir son bien, les hommes examinent : soit l'existence historique de l'homme, soit la soumission de l'animal, de la plante, de la matière à diverses lois, soumission que l'homme aperçoit sans en avoir conscience en lui-même ; en un mot, ils agissent comme des gens qui étudieraient la position d'objets inconnus pour arriver à connaître le but inconnu qu'ils doivent atteindre.

Il est parfaitement juste de dire que la connaissance de la manifestation visible de l'existence humaine dans l'histoire peut être instructive, de même que nous pouvons aussi tirer parti de l'étude des lois qui régissent la matière même. Cette étude est importante pour l'homme parce qu'elle lui montre, pour ainsi dire comme dans un miroir, ce qui s'accomplit nécessairement dans sa vie; mais il est évident que la connaissance de ce qui s'accomplit sous nos yeux, quelque complète qu'elle soit, ne peut nous donner le principal savoir, celui dont nous avons besoin, c'est-à-dire la connaissance de la loi à laquelle doit être soumise, pour notre bien, notre individualité animale. La connaissance des lois, en voie d'exécution, n'est instructive pour nous que lorsque nous admettons la loi de la raison à laquelle doit être soumise notre individualité animale, et non pas lorsque nous ne reconnaissons point cette loi.

L'arbre aurait beau étudier à fond (s'il en était capable) tous les phénomènes chimiques et physiques qui se passent en lui, il ne pourrait en aucune manière déduire de ces observations et de cette connaissance la nécessité de rassembler les sucs et de les distribuer pour la croissance de son tronc, de son feuillage, de ses fleurs et de ses fruits.

De même l'homme, quelle que soit sa connaissance de la loi qui régit son individualité animale et des lois qui régissent la matière,

ne pourra jamais en tirer la plus légère indica-
tion sur l'emploi qu'il doit faire du morceau
de pain qu'il a entre les mains; doit-il le donner à sa femme, à un étranger, à un chien, ou
le manger lui-même, défendre ce morceau de
pain ou le donner à celui qui le demande ? Et
cependant la vie humaine ne consiste que
dans la solution de ces questions et d'autres
semblables.

L'étude des lois qui régissent l'existence
des animaux, des plantes et de la matière est
non seulement utile, mais indispensable pour
expliquer la loi de la vie humaine, mais à condition que cette étude ait pour but l'objet principal du savoir humain : l'explication de la loi
de la raison.

En supposant que la vie de l'homme ne soit
que son existence animale, que le bien révélé
par la conscience réfléchie soit impossible à
acquérir, et que la loi de la raison ne soit
qu'un fantôme, une telle étude devient non
seulement oiseuse mais funeste, parce qu'elle
cache à l'homme l'unique objet de son savoir
et l'entretient dans cette erreur, à savoir qu'en

étudiant l'image réfléchie d'un objet on peut
arriver à connaître cet objet. Celui qui se li-
vrerait à une telle étude ressemblerait à un
homme qui étudierait attentivement toutes les
modifications et tous les mouvements de
l'ombre d'un être vivant, dans la persuasion
que la cause du mouvement de cet être réside
dans les modifications et les mouvements de
son ombre.

CHAPITRE XII

La cause du faux savoir est la fausse perspective dans laquelle apparaissent les objets.

« Le propre du vrai savoir, a dit Confucius, c'est de savoir que nous connaissons ce que nous connaissons, et ne connaissons pas ce que nous ne connaissons pas. »

Le propre du faux savoir c'est de penser que nous savons ce que nous ne savons pas et que nous ne savons pas ce que nous savons; et il est impossible de donner une définition plus exacte du faux savoir qui règne parmi nous. La fausse science de notre époque suppose que nous savons ce que nous ne pouvons savoir, et que nous ne pouvons savoir la seule chose que nous connaissions réellement. Sous l'influence du faux savoir, l'homme se figure connaître tout ce qui lui apparaît dans l'espace et la durée, et ignorer ce qui lui est révélé par sa conscience réfléchie.

L'homme se figure que le bien en général et son bien en particulier sont des objets qu'il ne peut concevoir en aucune manière. Sa raison, sa conscience réfléchie lui semblent tout aussi incompréhensibles. Il croit avoir une notion un peu plus précise de lui-même en tant qu'animal. Les animaux et les plantes lui paraissent encore plus faciles à concevoir. Enfin ce qu'il s'imagine concevoir le plus clairement, c'est la matière inanimée répandue à l'infini.

Le sens de la vie présente un phénomène analogue. Sans s'en rendre compte, instinctivement, l'homme dirige toujours ses regards de préférence vers les objets les plus éloignés, c'est-à-dire vers ceux dont les contours et la couleur lui semblent les plus simples : le ciel, l'horizon, les plaines et les forêts lointaines. Plus ces objets sont éloignés, plus ils paraissent simples et bien déterminés ; au contraire, plus ils sont rapprochés, plus leurs contours et leur couleur paraissent compliqués.

Si l'homme ne savait pas déterminer la distance des objets, s'il négligeait en les regardant de les disposer suivant les lois de la perspective, s'il prenait l'extrême simplicité des contours et de la couleur d'un objet pour le suprême degré de visibilité, le ciel sans bornes lui semblerait ce qu'il y a de plus simple et de plus visible. Les lignes plus compliquées de l'horizon lui paraîtraient moins distinctes que le ciel. Les maisons, les arbres, aux couleurs et aux contours encore plus compliqués, sembleraient encore moins visibles. Sa main, mise devant les yeux, lui paraîtrait moins visible encore. Enfin, la lumière lui semblerait ce qu'il y a de moins visible. N'en est-il pas ainsi du faux savoir de l'homme? Ce qu'il connaît avec le plus de certitude, sa conscience réfléchie, lui semble hors de la portée de son entendement, parce qu'elle n'est pas simple. Au contraire, ce qui est complètement hors de la portée de son entendement, la matière illimitée et éternelle, lui semble ce qu'il y a de plus concevable, car l'éloignement la lui fait paraître simple.

Or, c'est justement le contraire qui a lieu. D'abord tout homme peut connaître et connaît avec certitude le bien auquel il aspire; en second lieu, il connaît aussi bien la raison qui lui indique ce bien. Il connaît ensuite son être animal, soumis à la raison. Enfin, il voit sans les connaître, tous les autres phénomènes qui se produisent dans la durée et dans l'espace.

Seul l'homme qui a une fausse idée de la vie, peut s'imaginer connaître d'autant mieux les objets qu'ils sont déterminés avec plus de précision dans l'espace et dans le temps. En réalité, nous ne connaissons bien que ce qui est en dehors de l'espace et du temps, c'est-à-dire le bien et la loi de la raison. Quant aux objets qui sont en dehors de nous, nous les connaissons d'autant moins que notre conscience participe moins à notre savoir; par conséquent, un objet ne peut être déterminé que par la place qu'il occupe dans l'espace et dans le temps. C'est pourquoi, plus un objet est déterminé exclusivement par l'espace et le temps, moins il est accessible à l'entendement de l'homme. Le vrai savoir de l'homme ne dépasse pas la connaissance de son individualité, de son animal. Et la connaissance que l'homme a de son animal aspirant au bien et soumis à la loi de la raison, diffère essentiellement de tout ce qui n'est pas son individualité. Il se connaît réellement dans cet animal, et sa connaissance ne provient pas de ce qu'il est quelque chose d'étendu et de temporaire, (loin de là, il ne saurait se considérer comme une manifestation du temps et de l'espace), mais de ce qu'il est quelque chose qui doit se soumettre à la loi de la raison pour acquérir son bien. Il a conscience de lui-même dans cet animal comme de quelque chose en dehors de l'espace et du temps. Quand il se demande quelle place il occupe dans la durée et dans l'espace, il lui semble toujours qu'il se trouve au milieu d'une durée infinie, sans commencement ni fin et qu'il est le centre d'une sphère dont la surface est partout et nulle part. Ce que l'homme connaît avec certitude, c'est ce moi en dehors du temps et de l'espace, et ce moi est la limite de son savoir réel. Il ignore tout ce qui est en dehors de son moi, et ne peut l'observer et le déterminer que d'une manière externe et conditionnelle.

En renonçant pour un temps à la connaissance de lui-même, en tant que centre raisonnable aspirant au bien, c'est-à-dire en tant qu'être indépendant de la durée et de l'espace, l'homme peut admettre provisoirement et sous condition qu'il est une partie du monde visible, qui se manifeste dans l'espace et dans le temps. Se considérant dans l'espace et dans le temps en relation avec les autres êtres, l'homme réunit la conscience intrinsèque et réelle de son moi et l'observation intrinsèque de ce même moi et obtient ainsi une idée de lui-même en tant qu'homme en général semblable à tous les autres hommes. Au moyen de cette connaissance conditionnelle de lui-même, il obtient une idée extérieure des autres hommes, mais il ne les connaît pas.

L'impossibilité où il est d'avoir une connaissance réelle des hommes provient aussi de ce qu'il n'en voit pas seulement un, mais des centaines, des milliers. Il sait, en outre, qu'il en a existé et qu'il en existe encore qu'il n'a jamais vus et qu'il ne verra jamais.

Au delà des hommes, plus loin encore, l'homme voit, dans l'étendue et dans la durée, les animaux qui diffèrent des hommes et sont distincts entre eux. Ces êtres seraient absolument incompréhensibles pour lui, s'il ne possédait aucune notion sur l'homme en général. Mais, au moyen de cette notion, en séparant la conscience réfléchie de l'idée d'homme, il acquiert une certaine connaissance des animaux, mais cette connaissance ressemble encore moins au savoir que sa connaissance des hommes en général. Il aperçoit une quantité innombrable d'animaux les plus variés, et plus ils sont nombreux, plus il lui est difficile de les connaître. Plus loin encore, il aperçoit les plantes. Le nombre des phénomènes répandus dans l'univers est encore plus grand, ce qui accroît l'impossibilité de les connaître.

Plus loin encore, au delà des animaux et des plantes, dans l'étendue et la durée, l'homme aperçoit des corps inertes et des formes de la

matière qui diffèrent peu ou point les unes
des autres. La matière inanimée est ce qu'il
connaît le moins. La connaissance des formes
de la matière lui est absolument indifférente.
Non seulement il ne la connaît pas, mais il
ne peut s'en faire qu'une idée fictive, d'autant
plus que la matière lui apparaît infinie dans
l'étendue et la durée.

CHAPITRE XIII

La possibilité de connaître les objets augmente non pas en raison de leur manifestation dans l'espace et la durée, mais en raison de l'unité de la loi à laquelle sont soumis les objets que nous étudions et nous-mêmes.

Que peut-il y avoir de plus clair que ces expressions : le chien souffre, le veau est caressant, il m'aime, l'oiseau est joyeux, le cheval a peur, une méchante bête, un brave homme. Tous ces mots si importants et si intelligibles ne sont point déterminés par l'étendue et la durée : au contraire, moins nous comprenons la loi qui régit un phénomène, plus ce phénomène est déterminé d'une manière précise dans la durée et l'étendue. Qui pourrait se flatter de comprendre la loi même de la gravitation qui régit les mouvements de la terre, de la lune et du soleil? Cependant une éclipse de soleil est déterminée de la manière la plus précise dans la durée et l'espace.

Nous ne connaissons pleinement que notre vie, notre aspiration au bien et la raison qui nous révèle ce bien. La connaissance qui vient en seconde ligne sous le rapport de la certitude, c'est celle de notre individualité animale, aspirant à son bien et soumise aux lois de la raison. Dans la connaissance de notre individualité, nous voyons déjà apparaître des conditions de durée et d'étendue visibles, tangibles, observables, mais inaccessibles à notre intelligence. La connaissance qui vient ensuite sous le rapport de la certitude est celle des individualités animales de même nature que la nôtre, dans lesquelles nous reconnaissons les mêmes aspirations au bien et la même conscience réfléchie qu'en nous-mêmes. Plus la vie de ces individualités se rapproche des lois de notre vie, de l'aspiration au bien et de la soumission à la loi de la raison, plus nous les connaissons; plus elle se mani-

feste dans des conditions d'étendue et de durée, moins nous les connaissons. Ainsi ce que
nous connaissons le mieux, ce sont les hommes. La connaissance qui vient ensuite sous
le rapport de la certitude, c'est celle des animaux, dans lesquels nous voyons une individualité aspirant au bien comme la nôtre ; mais
déjà nous avons de la peine à reconnaître en
eux quelque chose d'analogue à notre conscience réfléchie, et il nous est impossible de
communiquer avec eux au moyen de cette
conscience. Après les animaux nous voyons
les plantes, dans lesquelles nous avons de
la peine à reconnaître une individualité semblable à la nôtre et aspirant au bien. Ces
êtres nous apparaissent surtout sous leurs
rapports de temps et d'espace, et voilà pourquoi ils sont moins accessibles encore à notre
entendement.

Nous ne les connaissons que parce que
nous voyons en eux une individualité semblable à notre individualité animale, et parce
que cette individualité, de même que la nôtre,
aspire au bien et soumet la matière à la loi

de la raison, qui se manifeste en elle dans des conditions de durée et d'espace.

Les objets impersonnels et matériels sont encore moins accessibles à notre entendement ; nous n'y trouvons plus l'image de notre individualité ; nous n'y découvrons pas du tout d'aspiration au bien ; nous n'y observons que la manifestation dans le temps et l'espace des lois de la raison auxquelles ils sont soumis.

La certitude de notre savoir ne dépend pas de la possibilité d'observer les objets dans l'espace et le temps ; au contraire, plus la manifestation de l'objet est susceptible d'être observée dans le temps et l'espace, moins nous pouvons le concevoir.

Notre connaissance du monde découle de la conscience que nous avons de notre aspiration au bien et de la nécessité de soumettre notre nature animale à la raison afin d'acquérir ce bien. Si nous connaissons la vie de l'animal, c'est uniquement parce que nous voyons aussi en lui l'aspiration au bien et la nécessité de se soumettre à la loi de la raison, qui est la loi de son organisme.

Si nous connaissons là matière, quoique son bien soit incompréhensible pour nous, c'est seulement parce que nous voyons se produire en elle le même phénomène qu'en nous, à savoir la nécessité de se soumettre à la loi de la raison, qui la régit.

Nous arrivons à la connaissance de toutes choses, en reportant sur les autres objets la connaissance que nous avons de nous-mêmes, c'est-à-dire l'idée que la vie est une aspiration à un bien que nous n'acquérons qu'en nous soumettant à la loi de la raison.

C'est une erreur de croire que nous pouvons arriver à la connaissance de nous-mêmes par la connaissance des lois qui régissent les animaux ; au contraire, nous ne connaissons les animaux qu'au moyen de la loi que nous connaissons en nous-mêmes. Et c'est encore une plus grande erreur de croire que nous pouvons nous connaître en appliquant à notre vie la loi des phénomènes de la matière.

Tout ce que l'homme sait du monde en dehors de lui, il ne le sait que parce qu'il se connaît lui-même, et qu'il trouve en lui trois

rapports différents avec le monde : un premier rapport de la conscience réfléchie, un
second rapport de son animal, et un troisième
rapport de la matière dont se compose le corps
de son animal. Il perçoit en lui-même ces
trois rapports ; voilà pourquoi tout ce qu'il voit
se groupe toujours à ses yeux dans une perspective composée de trois plans distincts l'un
de l'autre : 1° les êtres raisonnables ; 2° les
animaux et les plantes ; 3° la matière inanimée.

L'homme voit toujours dans le monde ces
trois catégories d'objets, parce qu'il renferme
en lui-même ces trois objets du savoir. Il se
connaît : 1° en tant que conscience réfléchie
qui gouverne l'animal ; 2° en tant qu'animal,
soumis à la conscience réfléchie ; 3° en tant
que matière, soumise à l'animal.

Ce n'est pas la connaissance des lois de la
matière, comme on le pense, qui peut nous
apprendre la loi des organismes ; ce n'est pas
non plus la connaissance de la loi des organismes qui peut nous faire connaître notre
moi, en tant que conscience réfléchie : c'est

tout le contraire qui a lieu. Tout d'abord nous
pouvons et nous devons nous connaître nous-
mêmes, c'est-à-dire connaître la loi de la raison, à laquelle doit se soumettre pour notre
bien notre individualité ; c'est alors seulement
que nous pouvons et que nous devons connaître la loi de notre individualité animale
et des autres individualités qui lui ressemblent, et enfin, à une plus grande distance de
nous, les lois de la matière.

Nous n'avons besoin de connaître et nous
ne connaissons que nous-mêmes. Le règne
animal n'est à nos yeux que le reflet de ce que
nous connaissons en nous. Le monde matériel
n'est plus, pour ainsi dire, que le reflet d'un
reflet.

Les lois de la matière ne nous paraissent
claires que parce qu'elles sont uniformes à nos
yeux ; elles ne nous semblent uniformes que
parce qu'elles sont très éloignées de la loi de
notre vie, loi dont nous avons conscience.
Les lois des organismes nous semblent plus
simples que la loi de notre vie, par suite aussi
de leur éloignement par rapport à nous. Mais

dans ces organismes nous n'observons que des lois extérieures et nous ne pouvons les connaître comme nous connaissons la loi de notre conscience réfléchie, c'est-à-dire la loi que nous devons accomplir.

Nous ne connaissons ni l'une, ni l'autre de ces existences, nous ne faisons que voir et observer ce qui est en dehors de nous. Il n'y a que la loi de notre conscience réfléchie que nous connaissions d'une manière certaine, parce qu'elle est nécessaire à notre bien et qu'elle nous fait vivre ; mais nous ne la voyons pas, parce que nous ne pouvons nous placer à un point plus élevé d'où nous puissions l'observer.

S'il existait des êtres supérieurs, capables de dominer notre conscience réfléchie, de même que celle-ci domine notre individualité animale, et de même que l'individualité animale (l'organisme) domine la matière, ces êtres supérieurs pourraient seuls apercevoir notre vie raisonnable, de même que nous apercevons notre existence animale et l'existence de la matière.

La vie humaine nous apparaît indissolublement liée à deux formes d'existence qu'elle renferme en elle : l'existence des animaux et des plantes (organisme) et celle de la matière.

L'homme est le propre artisan de sa vraie vie, et c'est lui-même qui doit la vivre ; tandis que les deux formes d'existence unies à sa vie, ne sont pas produites par lui, par ses efforts. Le corps et la matière qui le compose, ont chacun leur existence propre. Ces formes d'existence apparaissent à l'homme, pour ainsi dire, comme des vies antérieures déjà écoulées, renfermées dans sa propre vie, comme des souvenirs de vies passées. Quand l'homme vit de la vraie vie, ces deux formes d'existence lui fournissent l'instrument et les matériaux de son travail, mais non le travail lui-même.

Il est utile à l'homme d'étudier les matériaux et l'instrument de son travail. Plus il les connaît, plus il est en état de travailler. L'étude des deux formes d'existence contenues dans sa vie, celle de son animal et celle de la matière qui le compose, montre à l'homme, comme dans un miroir, la loi commune à tout ce qui existe, c'est-à-dire la soumission à la loi de la raison et, partant, le confirme dans la nécessité de soumettre son animal à sa loi : mais l'homme ne peut ni ne doit confondre les matériaux et les instruments de son travail avec le travail même.

Il a beau étudier la vie visible, palpable, qu'il observe en lui-même et dans les autres, cette vie qui s'accomplit sans effort de sa part : elle restera toujours un mystère pour lui ; jamais ses observations ne lui feront connaître cette vie, dont il n'a pas conscience. Jamais ses observations sur cette vie mystérieuse, qui se dérobe toujours à ses regards dans l'infini de l'espace et du temps, ne pourront éclairer sa vraie vie, la vie qu'il découvre dans sa conscience et qui consiste dans la soumission de son individualité animale, qui est absolument distincte de toutes les autres individualités et qu'il connaît avant tout, à une loi toute spéciale de la raison, qu'il connaît plus que tout, en vue d'acquérir un bien tout particulier qu'il connaît par-dessus tout.

CHAPITRE XIV

La vraie vie de l'homme n'est pas ce qui s'accomplit dans l'espace et le temps.

L'homme sent que la vie qui est en lui est une aspiration à un bien qu'il ne peut acquérir qu'en soumettant son individualité animale à la loi de la raison.

L'homme ne connaît et ne peut connaître d'autre vie humaine. En effet, il ne reconnaît la vie dans l'animal que lorsque la matière dont celui-ci se compose, est soumise non seulement à des lois qui lui sont propres, mais encore à la loi supérieure de l'organisme.

Quand il y a dans une certaine agglomération de matière une soumission à la loi supérieure de l'organisme, nous y reconnaissons la vie : mais quand cette soumission n'a pas commencée ou est terminée, et quand nous ne voyons pas la ligne de démarcation qui sépare cette matière du reste de la matière dans laquelle fonctionnent les seules lois mécaniques, chimiques, et physiques, alors nous n'y reconnaissons pas la vie de l'animal.

De même nous ne percevons la vie en nous-mêmes et dans nos semblables, que lorsque notre individualité animale est soumise non seulement à la loi de son organisme, mais encore à la loi supérieure de la conscience réfléchie.

Dès qu'il n'y a plus cette soumission de l'individualité à la loi de la raison, dès que la loi de l'individualité qui régit la matière dont se compose le corps de l'homme, est seule à fonctionner en lui, nous ne pouvons ni reconnaître, ni percevoir la vie humaine dans les autres et en nous-mêmes, de même que nous ne voyons pas la vie animale dans la matière qui n'est soumise qu'à ses propres lois.

Quelque rapides et énergiques que soient

les mouvements de l'homme dans le délire, dans la folie ou l'agonie, dans l'ivresse, dans un transport de passion même, nous ne reconnaissons pas la vie en lui, nous ne le traitons pas comme un homme vivant, et nous n'admettons en lui que la possibilité de la vie. Mais, quelles que soient la faiblesse et l'immobilité de l'homme, quand nous voyons que son individualité animale est soumise à la raison, alors nous reconnaissons en lui la vie et nous le traitons en conséquence.

Nous ne pouvons comprendre la vie humaine autrement que comme la soumission de l'individualité animale à la loi de la raison.

Cette vie se manifeste dans le temps et l'espace, mais n'est point déterminée par des conditions de durée et d'étendue ; elle ne l'est que par le dégré de soumission de l'individualité animale à la raison. Déterminer la vie par des conditions de durée et d'étendue, c'est la même chose que déterminer la hauteur d'un objet par sa longueur et sa largeur.

Le mouvement ascendant d'un objet, qui

se meut en même temps dans un plan horizontal, fournira une image exacte du rapport entre la vraie vie humaine et la vie de l'individualité animale, ou entre la vraie vie et la vie limitée dans l'espace et dans le temps. Le mouvement ascendant d'un objet ne dépend pas de son mouvement horizontal, et ne peut en être ni augmenté, ni diminué. Il en est de même de la vie humaine. La vraie vie se manifeste toujours dans l'individualité, mais est indépendante de n'importe quelle condition de cette individualité, et ne peut en être ni augmentée ni diminuée.

Les conditions de durée et d'étendue qui déterminent l'individualité animale de l'homme ne peuvent influer sur la vraie vie, qui consiste dans la soumission de cette individualité à la conscience réfléchie.

Il n'est pas au pouvoir de l'homme qui désire vivre de supprimer, d'arrêter le mouvement de son existence dans l'espace et dans le temps, mais sa vraie vie, c'est-à-dire l'acquisition du bien par la soumission à la raison, est

8

indépendante de ces mouvements visibles dans
le temps et l'espace.

C'est uniquement dans ce mouvement pro-
gressif, en vue d'acquérir le bien par la soumission à la raison, que consiste la vie
humaine. Sans cette progression dans la soumission, la vie humaine suit les deux direc-
tions visibles de la durée et de l'étendue, et
n'est plus que l'existence. Quand a lieu ce
mouvement ascendant, c'est-à-dire cette soumission progressive à la raison, il s'établit un
rapport entre ces deux forces d'un côté et une
troisième de l'autre, et il se produit, suivant
la résultante des forces, un mouvement plus
ou moins grand, qui élève l'existence de
l'homme dans les régions de la vie.

Les forces du temps et de l'espace sont déterminées, bornées, incompatibles avec l'idée
de la vie ; mais la force de l'aspiration au
bien, par la soumission à la raison, est une
force ascendante : c'est la force même de la
vie, pour laquelle il n'y a de limites ni dans le
temps ni dans l'espace.

Il semble à l'homme que sa vie s'arrête et

se dédouble, mais ces arrêts et ces hésitations ne sont qu'une erreur de la conscience, semblable à l'erreur des sens. La vraie vie ne peut éprouver ni arrêt, ni hésitation ; nous sommes dupes de notre fausse idée de la vie.

L'homme commence à vivre de la vraie vie, c'est-à-dire à s'élever à une certaine hauteur au-dessus de la vie animale, et de cette hauteur il aperçoit le fantôme de son existence animale, qui se termine inévitablement par la mort ; il voit que son existence à la surface est limitée de tous côtés par des abîmes ; mais, ne reconnaissant point que ce mouvement ascendant est la vie même, il est effrayé de ce qu'il a aperçu d'en haut. Au lieu de reconnaître pour sa vie cette force qui l'élève et de suivre la route qui s'est ouverte devant lui, il est effrayé de ce qu'il a découvert de cette hauteur ; il redescend et se couche aussi bas que possible, afin de ne pas apercevoir les abîmes qu'il a découverts. Mais la force de la conscience réfléchie l'élève de nouveau, il voit derechef, et, saisi de frayeur, il retombe de nouveau à terre, afin de ne pas voir. Et cela dure jusqu'à ce qu'il reconnaisse enfin que pour échapper à l'effroi que lui cause ce mouvement de vie, qui l'entraîne fatalement, il doit comprendre que le mouvement dans un plan horizontal, c'est-à-dire son existence dans le temps et l'espace, n'est point sa vie, mais que celle-ci ne consiste que dans ce mouvement ascendant et que c'est uniquement dans la soumission de son individualité à la raison que réside la possibilité du bonheur et de la vie. Il doit comprendre qu'il a des ailes qui l'élèvent au-dessus de l'abîme, et que sans elles il n'aurait jamais pu s'élever et n'aurait pas vu l'abîme. Il doit se confier à ses ailes et voler là où elles l'entraînent.

C'est uniquement du manque de foi que proviennent ces symptômes d'hésitation, qui paraissent d'abord étranges, cet arrêt de la vie et ce dédoublement de la conscience.

Il n'y a que l'homme qui prend pour sa vie l'existence animale limitée par le temps et l'espace, qui puisse croire que la conscience réfléchie ne s'est manifestée que de temps en temps durant son existence animale. Envisageant à ce point de vue les manifestations de la conscience réfléchie, cet homme se demande à quelle époque et dans quelles conditions cette conscience s'est manifestée en lui? Mais il a beau scruter son passé, il n'y trouvera jamais ces périodes de manifestation de la conscience réfléchie : il lui semble qu'elle n'a jamais existé, ou qu'elle a toujours existé. S'il se figure qu'il y a eu des intervalles dans les manifestations de cette conscience, c'est uniquement parce qu'il ne regarde point la vie de cette conscience comme la sienne propre.

Considérant sa vie comme une existence animale, déterminée par des conditions de durée et d'étendue, l'homme veut mesurer de la même mesure le réveil et l'activité de la conscience réfléchie : il se demande à quelle époque, pendant combien de temps, dans quelles conditions il a été en possession de cette conscience. Mais ces intervalles entre les manifestations de la conscience n'existent que pour celui qui fait consister sa vie dans l'existence de l'individualité animale. Ces intervalles n'existeront jamais pour l'homme qui

voit sa vie là où elle est véritablement, c'est
à dire dans l'activité de la conscience réfléchie.
Il n'y a, il n'existe réellement que la vie de la
conscience réfléchie.

Il n'y en a pas d'autre. Les intervalles d'une
minute ou de 50,000 ans ne sont rien par rapport à elle, parce qu'elle est hors de la durée.
La vraie vie de l'homme, celle d'après laquelle il conçoit toute autre vie, c'est l'aspiration à un bien qu'il peut acquérir par la soumission de son individualité à la loi de la raison.
Mais ni la raison, ni le degré de soumission à
la raison ne peuvent être déterminés par l'espace et le temps. La vraie vie de l'homme s'accomplit en dehors de l'espace et du temps.

CHAPITRE XV

Le renoncement au bien de l'individualité animale est
la loi de la vie humaine.

La vie est une aspiration au bien; l'aspiration au bien c'est la vie. C'est ainsi que l'humanité entière a compris, comprend et comprendra toujours la vie. Ainsi, la vie de l'homme
est une aspiration au bien humain, et l'aspiration au bien est la vie humaine. Le vulgaire,
les hommes qui ne réfléchissent pas, regar-
dent le bien de l'invidualité animale de
l'homme comme son bien véritable.

La fausse science, excluant l'idée du bien
de la définition de la vie, considère la vie
comme une existence animale et, partant, place

le bien de la vie dans le bien animal; elle tombe ainsi dans l'erreur du vulgaire.

Dans les deux cas, l'erreur provient de ce que l'on confond la personnalité, l'individualité comme l'appelle la science, avec la conscience réfléchie. La conscience réfléchie renferme l'individualité : l'inverse n'est pas vrai. L'individualité est une propriété commune à l'animal et à l'homme, en tant qu'animal. La conscience réfléchie est le propre de l'homme.

L'animal peut vivre uniquement pour son corps, rien ne l'empêche de vivre ainsi. Il satisfait aux besoins de son individualité et, sans en avoir conscience, est utile à son espèce ; et il ne voit même pas qu'il est une individualité. Mais l'homme raisonnable ne peut vivre uniquement pour son corps. Il ne peut vivre ainsi, parce que, sachant qu'il est une individualité et que les autres sont aussi des individualités comme lui, il sait tout ce qui doit résulter des rapports de ces individualités.

Si l'homme n'aspirait qu'au bien de son individualité, s'il n'aimait que lui-même, il ne

saurait pas que les autres êtres n'aiment aussi
qu'eux-mêmes (de même que les animaux ne
le savent pas). Mais quand il sait qu'il est une
individualité, tendant au même but que toutes
les individualités qui l'entourent, il ne peut
plus aspirer à ce bien que sa conscience réfléchie considère comme un mal, et sa vie ne
peut plus consister dans la recherche du bien
individuel. L'homme s'imagine parfois que
son aspiration au bien a pour objet la satisfaction des besoins de son animal. Cette erreur
provient de ce qu'il prend pour but de l'activité de sa conscience réfléchie ce qu'il voit
s'accomplir dans son animal. Cette erreur ressemble à celle d'un homme qui se laisserait
guider dans l'état de veille par ce qu'il a vu en
rêve.

Et, lorsque cette erreur est entretenue par
de fausses doctrines, il se produit en l'homme
une confusion entre l'individualité et la conscience réfléchie.

Mais la conscience réfléchie montre toujours
à l'homme que la satisfaction des besoins de
son individualité animale ne peut être son bien

et par conséquent ne peut être sa vie, et alors elle l'entraîne irrésistiblement vers le bien et la vie qui lui sont propres et qui ne sont pas contenus dans son individualité animale.

On pense et on dit ordinairement que le renoncement au bien individuel est un acte d'héroïsme et une action méritoire de la part de l'homme. Le renoncement au bien individuel n'est ni une action méritoire, ni un acte d'héroïsme, c'est une condition nécessaire de la vie de l'homme. En même temps que l'homme se connaît en tant qu'individualité distincte du monde entier, il connaît aussi les autres individualités distinctes du monde entier, le lien qui les unit entre elles ; il voit l'illusion du bien individuel et la réalité du seul bien capable de satisfaire sa conscience réfléchie.

Pour l'animal, une activité qui n'a pas pour but le bien individuel, mais qui est diamétralement opposée à ce bien, est une négation de la vie ; pour l'homme c'est tout le contraire : c'est l'activité de l'homme, appliquée uniquement à acquérir le bien individuel, qui est une négation complète de la vie humaine.

L'animal, n'ayant pas de conscience réfléchie pour lui montrer la misère et le fini de son existence, considère le bien individuel et la propagation de l'espèce qui en résulte comme le but suprême de sa vie. Tandis que pour l'homme la conscience de son individualité n'est que le point duquel il découvre le vrai bien de sa vie, qui ne coïncide pas avec le bien individuel.

Pour l'homme, la conscience de son individualité n'est point la vie, mais le point où commence la vie, qui consiste dans l'acquisition progressive du bien qui lui est propre, indépendamment du bien de l'individualité animale.

D'après les idées reçues, la vie de l'homme est une parcelle de temps comprise entre la naissance et la mort de son animal. Mais, ce n'est point là la vie humaine, c'est seulement l'existence de l'homme en tant qu'animal. Ce qui est vrai c'est que la vie humaine est quelque chose qui se manifeste seulement dans l'existence animale, de même que la vie orga-

nique est quelque chose qui se manifeste
seulement dans l'existence de la matière.

Tout d'abord l'homme considère le but
visible de son individualité comme celui de sa
vie. Ce but est visible, voilà pourquoi il lui
paraît intelligible. Mais le but que lui indique
sa conscience réfléchie, lui paraît incompréhensible parce qu'il est invisible. Et l'homme
craint de prime abord de renoncer à ce qui est
visible pour se livrer à l'invisible.

Il semble à l'homme perverti par les fausses
doctrines du siècle, que les besoins de la nature animale, qui se manifestent d'eux-mêmes
et sont visibles en lui et dans les autres, —
que ces besoins, dis-je, sont clairs et simples,
tandis que les nouveaux besoins de sa conscience réfléchie lui paraissent tout l'opposé. La
satisfaction de ces besoins n'ayant pas lieu
d'elle-même, mais exigeant son intervention,
lui semble quelque chose d'obscur et de com-
pliqué.

Il est aussi pénible et aussi effrayant pour
l'homme de renoncer à la conception visible
de la vie et de la sacrifier à la conscience

invisible de cette vie, qu'il serait terrible pour l'enfant de naître s'il pouvait en avoir conscience.

Mais il est impossible de passer outre, lorsqu'il est évident que la conception visible de la vie mène à la mort, tandis que la conscience invisible peut seule donner la vie.

CHAPITRE XVI

L'individualité animale est l'instrument de la vie.

Tous les raisonnements du monde ne sauraient cacher à l'homme cette vérité évidente et indiscutable, à savoir que son existence individuelle est quelque chose qui périt, qui tend à la mort, et que par conséquent la vie ne peut résider dans cette individualité.

L'homme ne peut s'empêcher de voir que l'existence de son individualité, à partir de la naissance et de l'enfance jusqu'à la vieillesse et la mort, n'est autre chose qu'une dépense continuelle et un amoindrissement de cette

individualité qui aboutit fatalement aux souffrances et à la mort. Par conséquent, la conscience que sa vie réside dans l'individualité,
qui renferme en elle le désir de son accroissement et de son indestructibilité et l'aspiration
au bien, ne peut être qu'une contradiction incessante.

Quel que soit le vrai bien de l'homme, il doit
forcément renoncer au bien de l'individualité
animale.

Le renoncement au bien de l'individualité
animale est la loi de la vie humaine. Si cette
loi ne s'accomplit pas librement en se manifestant par la soumission à la conscience réfléchie, elle s'accomplit de force dans chaque
homme lors de la mort charnelle de son animal, quand, accablé par le poids des souf-
rances, il ne désire plus qu'une chose : être
délivré du sentiment douloureux de son individualité qui meurt et passer à une autre forme
d'existence.

L'entrée de l'homme dans la vie et la vie
humaine elle-même ressemblent à ce qui se
passe quand un fermier fait sortir un cheval

de l'écurie pour l'atteler. Au sortir de l'écurie ce cheval, apercevant le jour et se sentant en liberté, se figure que la vie réside dans cette liberté, mais on l'attelle et on l'oblige à avancer. Il sent un fardeau derrière lui, et, croyant que sa vie consiste à courir librement, il se met à ruer, tombe et parfois se tue. S'il ne se tue pas, il ne lui reste que deux issues : ou bien il marche, traîne le fardeau et voit qu'il n'est pas trop lourd et que la course, loin d'être un tourment, est un plaisir, ou bien il se révolte complètement, et alors son maître le mène au moulin à moudre et l'attache au mur avec une corde; la roue tourne sous ses pieds; il marche dans l'obscurité à la même place et souffre. Toutefois ses forces ne sont pas dépensées en pure perte. Il exécute son travail forcé et la loi s'accomplit en lui. La seule différence entre le cheval qui se soumet et celui qui n'obéit pas à son maître, c'est que le premier exécute le travail avec joie, tandis que le second travaille contre son gré et avec douleur.

« Mais à quoi bon cette individualité, au bien

de laquelle je dois renoncer, moi, homme, afin d'acquérir la vie? » disent ceux qui prennent leur existence animale pour la vie.

Pourquoi l'homme a-t-il reçu en partage cette conscience de l'individualité, qui s'oppose à la manifestation de sa vraie vie? On peut répondre à cette question par une autre semblable, celle que pourrait faire un animal aspirant à ses fins, c'est-à-dire à la conservation de sa vie et de son espèce.

« A quoi bon, demanderait-il, cette matière avec ses lois mécaniques, physiques, chimiques et autres, contre lesquelles je dois lutter, afin d'arriver à mes fins? Si ma destinée, dirait-il, consiste dans l'accomplissement de la vie animale, alors, à quoi bon tous ces obstacles que je dois surmonter? »

Nous voyons clairement que toute la matière et ses lois, contre lesquelles l'animal lutte et auxquelles il se soumet pour assurer l'existence de son individualité, ne sont pas des obstacles, mais des moyens d'arriver à ses fins. Ce n'est que par l'élaboration de la matière et au moyen de ses lois que l'animal vit. Il en est de même de la vie de l'homme. L'individualité animale dans laquelle l'homme se découvre quand il prend conscience de sa vie, cette individualité qu'il est appelé à soumettre à sa conscience réfléchie, n'est pas un obstacle à son bien, mais un moyen de l'acquérir. L'individualité animale est l'instrument avec lequel l'homme travaille. L'individualité animale est la bêche donnée à l'être raisonnable pour bêcher, afin qu'en bêchant il l'émousse, l'aiguise, l'use, mais non qu'il la polisse et la ménage. C'est un talent qui lui a été donné pour le faire valoir et non pour l'enfouir. « Et celui qui aura ménagé sa vie, la perdra. Mais celui qui aura perdu sa vie à cause de moi la retrouvera. » Ces paroles signifient qu'on ne peut ménager ce qui doit périr et périt sans cesse, mais que c'est seulement en renonçant à ce qui périt et doit périr, c'est-à-dire à notre individualité animale, que nous obtenons la vraie vie qui ne périt pas et ne peut périr. Cela signifie que notre vraie vie ne commence que lorsque nous cessons de considérer comme vie ce qui ne l'a pas été et n'a pu l'être, c'est-à-dire notre exis-

tence animale. Cela signifie que celui qui mé-
nagera la bêche qui lui sert à se procurer la
nourriture, soutien de la vie, perdra la nourriture et la vie.

CHAPITRE XVII

Naissance par l'Esprit.

« Il faut que vous naissiez de nouveau » a dit Jésus-Christ. Cela ne signifie pas que quelqu'un ait ordonné à l'homme de naître, mais qu'il y est inévitablement amené. Pour avoir la vie, il doit renaître dans cette existence par la conscience réfléchie.

La conscience réfléchie est donnée à l'homme afin qu'il place sa vie dans le bien que cette conscience lui découvre. Celui qui a placé sa vie dans ce bien, possède la vie ; mais celui qui place sa vie dans le bien de l'individualité animale, se prive par cela même de la vie.

Tel est le sens de la définition de la vie donnée par le Christ.

Les hommes qui prennent pour la vie leur recherche du bien individuel, entendent ces paroles, mais ils ne les comprennent pas et ne peuvent les comprendre. Il leur semble qu'elles sont dénuées de sens ou sans grande portée et indiquent seulement un certain état d'esprit sentimental et mystique, comme on se plaît à le dire. Ils ne peuvent comprendre la signification de ces paroles, qui s'appliquent à un état inaccessible pour eux, comme un grain sec qui n'a pas encore germé, ne saurait comprendre, s'il en était capable, l'état d'un grain humide qui commence à germer. Pour un grain sec, le soleil qui, dans la définition de la vie donnée par le Christ, réchauffe la semence naissant à la vie, n'est autre chose qu'un hasard sans importance, un peu plus de chaleur et de lumière ; mais pour la semence qui germe, c'est la cause de sa naissance à la vie. Il en est de même des hommes qui ne sont pas encore parvenus à comprendre la contradiction intrinsèque qui existe entre l'individualité animale et la conscience réfléchie ; à leurs yeux, la lumière du soleil de la raison n'est qu'un hasard sans importance, des paroles sentimentales et mystiques. Le soleil ne donne la vie qu'à ceux en qui elle a déjà germé.

Pour ce qui est du mode, de la cause, de l'époque et du lieu de cette germination, pas plus dans l'homme que dans l'animal et dans la plante, personne n'a jamais pu le savoir. Le Christ a dit, en parlant de la germination de cette vie dans l'homme, que personne ne la connaît et ne peut la connaître.

En effet, comment l'homme pourrait-il savoir comment la vie germe en lui ? La vie est la lumière des hommes, la vie est la vie, le principe de tout. De quelle manière l'homme pourrait-il savoir comment elle germe ? Pour lui, il n'y a que ce qui ne vit pas, ce qui se manifeste dans l'espace et la durée, qui puisse germer et périr. Mais la vraie vie *est*, partant elle ne saurait ni germer, ni périr.

CHAPITRE XVIII

Ce qu'exige la conscience réfléchie.

Oui, la conscience réfléchie prouve à l'homme d'une manière irréfutable que, dans l'état actuel du monde qu'il aperçoit du point de vue de son individualité, il ne saurait y avoir de bien pour lui, pour son individualité. Sa vie est le désir d'obtenir son bien à lui, et il voit que ce bien est impossible à acquérir. Mais, chose étrange ! bien qu'il comprenne, sans aucun doute, qu'il lui est impossible d'acquérir ce bien, cependant ce qui le fait vivre, c'est uniquement la recherche de ce bien impossible, de ce bien individuel.

Si l'homme dont la conscience réfléchie vient de s'éveiller, mais n'a pas encore soumis

à ses lois l'individualité animale, ne se suicide pas, il ne vit que pour réaliser ce bien,
dont l'acquisition est impossible. Le but unique de sa vie et de ses actions, c'est d'obtenir
le bien pour lui seul, c'est d'obliger tous les
hommes et même tous les êtres à ne vivre et
à n'agir qu'en vue de son propre bonheur, de
ses jouissances, afin d'échapper aux souffrances et à la mort.

Chose étrange! bien que sa propre expérience, ses observations sur la vie de tous
ceux qui l'entourent, ainsi que la raison, lui
démontrent jusqu'à l'évidence l'impossibilité
d'arriver à ce résultat, lui montrent qu'il est
impossible d'obliger les êtres vivants à cesser
de s'aimer eux-mêmes pour n'aimer que lui
seul ; malgré tout cela, la vie de tout homme
consiste à obliger les autres êtres, au moyen
des richesses, du pouvoir, des honneurs, de la
gloire, des flatteries, de l'imposture, n'importe
comment, — à obliger les autres êtres, dis-je,
à vivre non pas pour eux-mêmes, mais pour
lui seul, à aimer non pas eux-mêmes, mais
lui seul.

Les hommes ont fait et font tout ce qu'ils peuvent dans ce but, et ils voient en même temps qu'ils font l'impossible. « Ma vie est la recherche du bien, se dit l'homme. Je ne pourrai acquérir le bien que lorsque tous les êtres m'aimeront plus qu'eux-mêmes ; mais ils n'aiment qu'eux-mêmes, par conséquent tout ce que je fais pour les obliger à m'aimer est inutile. C'est inutile, et cependant je ne puis faire autre chose. »

Les siècles passent. Les hommes ont calculé la distance des astres, déterminé leur poids, reconnu la substance du soleil et des étoiles, mais la question de savoir comment concilier les exigences du bien individuel avec la vie du monde, qui exclut la possibilité de ce bien, reste aussi insoluble pour la plupart des hommes qu'elle l'était il y a cinq mille ans.

La conscience réfléchie dit à chaque homme : « Oui, tu peux acquérir le bien, mais seulement à condition que tous les hommes t'aiment plus qu'eux-mêmes. » Et cette même conscience démontre à l'homme que cela est

11

impossible, parce que chacun n'aime que soi. Par conséquent, l'unique bien, révélé à l'homme par la conscience réfléchie, lui est caché de nouveau par cette même conscience.

Les siècles s'écoulent et l'énigme du bonheur de la vie humaine reste tout aussi indéchiffrable pour la majorité des hommes. Et pourtant elle a été devinée depuis bien longtemps. Et tous ceux qui apprennent le mot de l'énigme s'étonnent toujours de ne pas l'avoir deviné eux-mêmes; il leur semble qu'ils le connaissaient depuis longtemps, mais qu'ils l'ont oublié, tant est simple et claire, l'explication de cette énigme, qui leur paraissait si embrouillée au milieu des fausses doctrines du siècle.

Tu veux que tous ne vivent que pour toi, que chacun t'aime plus que soi-même ? Eh bien ! ton désir ne peut être accompli qu'à une seule condition. Cette condition, c'est que tous les êtres cessent de vivre pour leur propre bien et commencent à vivre pour le bien des autres, commencent à aimer les autres plus qu'eux-mêmes. Alors seulement toi et tous les êtres, vous serez aimés de tous, et tu obtiendras le bien que tu désires. Ainsi donc, si tu ne peux acquérir le bien que si tous les êtres aiment les autres plus qu'eux-mêmes, tu dois, toi, créature vivante, aimer autrui plus que toi-même.

Ce n'est qu'à cette condition que le bonheur et la vie seront possibles, ce n'est qu'à cette condition que disparaîtra tout ce qui empoisonne la vie de l'homme : la lutte des êtres, la douleur des souffrances et la terreur de la mort.

En effet, pourquoi le bonheur de l'existence individuelle était-il impossible ? En premier lieu, à cause de la lutte des êtres à la recherche du bien individuel ; en second lieu, à cause de l'illusion des jouissances, qui entraînent une déperdition de vie, la satiété, la souffrance ; en troisième lieu, à cause de la mort.

Mais il suffit d'admettre en théorie que l'homme peut remplacer le désir du bien individuel par le désir du bien des autres êtres, pour que l'impossibilité du bonheur disparaisse et qu'il devienne accessible à l'homme

En considérant le monde d'après sa conception de la vie, envisagée comme la recherche
du bien individuel, l'homme y voit la lutte
insensée d'êtres qui s'entre-détruisent. Mais,
s'il fait consister la vie dans le désir de contribuer au bonheur d'autrui, il voit le monde
sous un tout autre aspect : à côté des péripé-
ties fortuites de la lutte des êtres, il verra les
services mutuels et incessants que se rendent
ces mêmes êtres, services sans lesquels l'existence du monde est inadmissible.

Il suffit d'admettre cette idée, et toute cette
activité raisonnable, dirigée auparavant vers
le bonheur inaccessible de l'individualité, fait
place à une autre activité conforme à la loi du
monde, et consacrée à l'acquisition de la plus
grande somme de bonheur possible pour soi-
même et pour le monde entier.

La seconde cause de l'état misérable de
l'existence individuelle et de l'impossibilité
pour l'homme d'arriver au bonheur, c'était
l'illusion des jouissances individuelles, qui
usent la vie et causent la satiété et les souffrances. Mais, dès que l'homme fait consister

sa vie dans le désir de contribuer au bonheur
d'autrui, la soif illusoire des jouissances disparaît, et l'activité douloureuse consacrée à
remplir le tonneau sans fond de l'individualité animale, fait place à une activité conforme
aux lois de la raison, activité qui a pour but de
soutenir la vie des autres êtres, nécessaire à
son bonheur. L'intensité de la souffrance individuelle, qui paralyse l'activité de la vie, est
remplacée par un sentiment de compassion
pour autrui, et ce sentiment est le mobile
d'une activité incontestablement féconde en
résultats et source de joie.

La troisième cause de l'état misérable de
l'existence individuelle, c'était la crainte de la
mort. Que l'homme fasse consister le bonheur
de sa vie dans le bonheur des autres êtres et
non pas dans le bien-être de son individualité
animale, et l'épouvantail de la mort disparaît à
jamais de ses yeux.

La terreur de la mort ne provient que de la
crainte de perdre, lors de la mort charnelle, le
bien de la vie. Par conséquent, si l'homme
pouvait identifier son bonheur avec celui des

autres êtres, c'est-à-dire les aimer plus que lui-même, la mort ne lui semblerait pas la cessation du bonheur et de la vie, comme cela a lieu pour celui qui ne vit que pour lui-même. Celui qui vit pour les autres ne peut regarder la mort comme l'anéantissement du bonheur et de la vie, car le bonheur et la vie des autres êtres, bien loin d'être anéantis par la mort de l'homme voué à leur service, sont très souvent augmentés et affermis par le sacrifice de sa vie.

CHAPITRE XIX

Confirmation des exigences de la conscience réfléchie.

« Mais, ce n'est pas vivre ! » répond dans son trouble la raison humaine égarée, « c'est le renoncement à la vie, le suicide ! »

« Je n'en sais rien », dit la conscience réfléchie, — « je sais que telle est la vie de l'homme ; il n'y en a pas et ne peut y en avoir d'autre. Bien plus, je sais que c'est la vraie vie et le vrai bien de l'homme et du monde entier. Suivant ma conception antérieure du monde, ma vie et celle de tout ce qui existe, était un mal et un non-sens ; mais, envisagée à ce point de vue, elle apparaît comme la réalisation de la loi de la raison, qui est le propre de l'homme. Je sais que le bien suprême de la vie de chaque être, bien susceptible d'être augmenté à l'infini, ne peut s'obtenir que par la loi du dévouement de chacun à tous et de tous à chacun. »

« Mais, si cette loi peut être admise en théorie, elle ne saurait l'être en pratique », répond dans son trouble la conscience égarée de l'homme. « En ce moment, les autres ne m'aiment pas plus qu'eux-mêmes, partant je ne puis les aimer plus que moi-même, me priver pour eux des jouissances, m'exposer aux souffrances. Je me soucie peu de la loi de la raison, je veux des jouissances pour moi-même, je veux me délivrer de mes souffrances. Actuellement, les êtres sont occupés à lutter les uns contre les autres ; si seul je m'abstiens de lutter, je serai écrasé par les autres. Peu m'importe par quel moyen théorique s'obtient le bien suprême de tous, — il me faut maintenant mon bien suprême à moi, dit la conscience égarée. »

« Je n'en sais rien », répond la conscience réfléchie. « Je sais seulement que tes prétendues jouissances ne peuvent être un bien pour toi qu'à condition que tu ne te les procures pas toi-même, mais qu'elles te soient données par les autres. Si, au contraire, tu t'en empares toi-même, elles ne sont plus que satiété et douleur, comme cela a lieu actuellement. Tu ne seras débarrassé des souffrances réelles que lorsque les autres t'en délivreront, mais non pas lorsque tu le feras toi-même, comme maintenant, quand, par crainte de douleurs imaginaires, tu mets fin à ta vie.

Je sais que la vie individuelle, c'est-à-dire cette vie dans laquelle il est indispensable que tous s'aiment, que je n'aime que moi seul et que je puisse obtenir le plus possible de jouissances, éviter les souffrances et la mort, — je sais qu'une telle vie est le comble de la souffrance et que cette souffrance est incessante. Plus je m'aimerai, plus je lutterai contre les autres, plus j'en serai haï, plus ils lutteront avec acharnement contre moi ; plus je m'efforcerai d'échapper aux souffrances, plus elles seront douloureuses ; plus je tâcherai d'éviter la mort, plus elle me paraîtra terrible.

Je sais que, malgré tous ses efforts, l'homme n'obtiendra pas le bonheur tant qu'il ne vivra pas conformément à la loi de sa vie. Or, la loi de sa vie n'est pas la lutte, mais au contraire un échange mutuel de services entre tous les êtres. »

— « Mais je ne connais la vie que dans mon individualité. Il m'est impossible de consacrer ma vie au bien des autres êtres. »

— « Je n'en sais rien », répond la conscience réfléchie. « Je sais seulement que ma vie et celle du monde, qui me semblaient auparavant un cruel non-sens, m'apparaissent maintenant comme un tout intelligent, vivant et aspirant à un seul et même bien, au moyen de la soumission à la même loi de la raison que je reconnais en moi. »

— « Mais cela m'est impossible ! » dit la raison égarée. Et pourtant, il n'y a pas d'homme qui n'accomplisse cette chose impossible et qui n'y place le bonheur de sa vie.

« Il est impossible de faire consister son bonheur dans celui des autres êtres. » Et pourtant il n'y a pas d'homme qui ne connaisse des cir-

constances où le bonheur d'êtres, placés en
dehors de lui, est devenu son bonheur à lui.
« Il est impossible de faire consister le bonheur dans les peines et les souffrances endu-
rées pour autrui. » Et cependant, il suffit que
l'homme se laisse aller à ce sentiment de compassion, pour que les jouissances individuelles
cessent d'avoir un sens à ses yeux, pour que
la force de sa vie se transforme en travail et
en souffrance pour le bien des autres, pour
que ce travail et cette souffrance deviennent
le bonheur pour lui. « Il est impossible de sacrifier sa vie pour le bonheur d'autrui. » Cependant, dès que l'homme connaît ce sentiment, non seulement il cesse de voir et de
craindre la mort, mais encore elle lui semble
le plus grand bien qu'il puisse acquérir.

L'homme raisonnable ne peut s'empêcher
de reconnaître qu'en admettant, en théorie, la
possibilité de remplacer la recherche de son
bien par la recherche du bien des autres êtres,
sa vie, de déraisonnable et de misérable qu'elle
était auparavant, devient raisonnable et heureuse. Il ne peut s'empêcher de reconnaître éga-

lement qu'en supposant la même idée de la vie chez d'autres hommes et d'autres êtres, la vie du monde entier, de déraisonnable et de cruelle qu'elle apparaissait auparavant, devient le bien raisonnable le plus élevé auquel l'homme puisse aspirer ; d'absurde et de dévoyée qu'elle était, cette vie prend à ses yeux un sens raisonnable. Le but de l'existence de l'univers lui apparaît comme un progrès infini vers la lumière, comme l'union de tous les êtres de l'univers. Cette union, c'est l'objet même de la vie ; grâce à elle, les hommes d'abord, ensuite tous les êtres vivants, se soumettant de plus en plus à la loi de la raison, comprendront ce qu'il n'est donné à présent qu'à l'homme seul de comprendre, à savoir que le bonheur de l'existence ne s'obtient pas par l'aspiration de chaque être à son bien individuel, mais par l'aspiration, conforme à la loi de la raison, de chaque être au bonheur de tous les autres.

Ce n'est pas tout. En admettant seulement la possibilité de remplacer la recherche de son propre bonheur par la recherche du bonheur des autres êtres, l'homme ne peut s'empêcher de voir que renoncer progressivement à sa propre individualité et déplacer le but de son activité pour le reporter sur les autres, c'est en cela précisément que consiste la marche en avant de l'humanité et des êtres vivants qui sont les plus rapprochés de l'homme. L'histoire prouve à l'homme, d'une manière irréfutable, que le mouvement de la vie en général ne consiste pas dans la recrudescence et dans l'accroissement de la lutte des êtres, mais au contraire dans la diminution de la discorde, dans l'affaiblissement de la lutte, et que la vie ne progresse que lorsque le monde, se soumettant à la raison, passe de la discorde et de l'inimitié à la concorde et à l'union. Ceci admis, il ne peut s'empêcher de voir que les hommes qui s'entre-dévoraient, cessent de le faire ; que ceux qui massacraient les prisonniers et leurs propres enfants, cessent de les mettre à mort ; que les soldats, qui se glorifiaient du meurtre, cessent d'en tirer gloire ; que ceux qui établissaient l'esclavage, l'abolissent ; que ceux qui immolaient les animaux

se mettent à les apprivoiser, à en moins tuer,
à se nourrir, au lieu de leur chair, de leur lait
et de leurs œufs ; enfin, que l'on commence à
restreindre la destruction du règne végétal.
Il remarque que les meilleurs de ses semblables blâment la recherche des jouissances,
prêchent la tempérance ; il remarque que les
hommes les plus éminents, ceux que la postérité admire, donnent l'exemple du sacrifice de
leur vie pour le bien des autres. Il voit que ce
qu'il a admis uniquement sur les instances de
la raison, est précisément ce qui s'accomplit
dans le monde, ce qui est confirmé par la vie
passée de l'humanité.

Et ceci n'est pas encore tout. L'homme possède un sentiment qui lui montre la même
chose, d'une manière beaucoup plus persuasive et convaincante que la raison et l'histoire, et provenant pour ainsi dire d'une toute
autre source ; l'homme découvre la même
chose dans les aspirations de son cœur qui l'entraînent, comme vers un bien immédiat, vers
cette même activité que lui indique sa raison
et qui se traduit dans son cœur par l'amour.

CHAPITRE XX

Les besoins de l'individualité semblent incompatibles avec ceux de la conscience réfléchie.

La raison, le raisonnement, l'histoire, le sens intime, tout en un mot devrait convaincre l'homme de la vérité de cette conception de la vie; cependant, l'homme élevé dans les doctrines du monde se figure que la satisfaction des besoins de sa conscience réfléchie ne peut être la loi de sa vie.

« Quoi ! ne pas lutter pour son bonheur individuel, ne pas rechercher les jouissances, ne pas fuir les souffrances, ne pas craindre la mort ! Mais c'est impossible, c'est renoncer à la vie même ! Comment renoncerai-je à mon individualité, quand je sens ses besoins, dont ma raison me démontre la légitimité? » disent avec conviction les hommes civilisés de notre siècle.

Chose remarquable ! Les ouvriers, les simples, ceux qui cultivent peu leur intelligence, ne mettent presque jamais en avant leurs aspirations personnelles et éprouvent toujours des besoins opposés à ceux de l'individualité. Au contraire, la négation complète des besoins de la conscience réfléchie, surtout le refus de reconnaître la légitimité de ces besoins, et la défense des droits de l'individualité, ne se rencontrent que parmi les gens riches, délicats, à l'esprit cultivé.

L'homme instruit, efféminé, oisif, soutiendra toujours que l'individualité a des droits imprescriptibles. L'affamé ne s'avise pas de prouver qu'il est nécessaire à l'homme de manger, car il n'ignore pas que tous le savent et qu'on ne peut ni le prouver, ni le nier : il se contente de manger.

Cela provient de ce que l'homme simple, soi-disant sans éducation, occupe toute sa vie à un travail physique, n'a pas dépravé sa raison et l'a conservée dans toute sa force et son intégrité.

Au contraire, l'homme qui a passé toute sa vie à méditer non seulement sur des sujets insignifiants et futiles, mais sur des sujets auxquels il n'est pas naturel à l'homme de penser, cet homme, dis-je, a perverti sa raison — elle n'est plus libre. Elle est occupée de choses qui ne lui sont pas propres ; elle médite sur les besoins de l'individualité, sur leur développement, leur accroissement, et sur les moyens de les satisfaire.

« Mais, j'ai conscience des besoins de mon individualité, ils sont donc légitimes, » disent les hommes soi-disant instruits, élevés dans les doctrines du siècle.

Et, il leur est impossible de ne pas avoir conscience des besoins de leur individualité, car toute leur vie est consacrée à l'accroissement imaginaire de leur bonheur individuel. Et ils se figurent que le bonheur consiste dans la satisfaction de ces besoins. Ce qu'ils appellent besoins individuels, ce sont toutes les conditions de l'existence individuelle vers lesquelles est dirigée leur raison. La raison, s'y appliquant exclusivement, ces besoins croissent et se multiplient à l'infini. La satisfaction de ces besoins qui se multiplient sans cesse cache aux hommes ceux de leur vraie vie.

La prétendue science sociale prend pour base de ses investigations l'étude des besoins de l'homme, sans tenir compte d'un point embarrassant pour elle, c'est que l'homme peut n'avoir aucun besoin, comme celui qui se suicide ou se laisse mourir de faim, ou bien en avoir littéralement une quantité innombrable.

Il y a autant de besoins dans la vie de l'homme-animal qu'il y a de phases dans son existence, et ces phases sont aussi nombreuses que les rayons d'une sphère. Ce sont les besoins de manger, de boire, de respirer, d'exercer ses muscles et ses nerfs, de travailler, de se reposer, de jouir, le besoin de la vie de famille, de la science, de l'art, de la religion, de la société; les besoins de l'enfant, de l'adolescent, de l'homme fait, du vieillard, de la jeune fille, de la femme, de la vieille femme, du Chinois, du Parisien, du Russe, du Lapon. Ces besoins dépendent des habitudes des races, des maladies, etc... On pourrait passer sa vie à énumérer toutes les formes possibles des besoins de l'existence individuelle de l'homme, sans parvenir à les nommer toutes. Toutes les conditions d'existence peuvent devenir des besoins, et la quantité des conditions de l'existence est innombrable.

Mais ce qu'on nomme besoins, ce sont seulement les conditions dont on a conscience.

Dès qu'on a conscience de ces conditions, elles perdent leur vrai sens, prennent l'importance exagérée que leur attribue la raison qui s'y applique, et cachent la vraie vie.

Les besoins, c'est-à-dire les conditions de la vie animale de l'homme, peuvent être comparés à une quantité innombrable de petites sphères susceptibles de se dilater, qui composeraient un corps quelconque. Toutes ces petites sphères sont de grandeur égale, chacune a sa place distincte, et elles sont à l'aise tant qu'elles ne se dilatent pas. De même, tous les besoins de l'homme sont égaux, ont leur place déterminée, et ne produisent pas de sensation douloureuse tant qu'on n'en a pas conscience. Mais il suffit de dilater une de ces petites sphères (et elle peut être dilatée de manière à occuper plus de place que toutes les les autres) pour qu'elle gêne les autres et soit gênée elle-même. Il en est de même des besoins de la vie : il suffit de tourner vers l'un d'eux la conscience réfléchie, et ce besoin, devenu conscient, remplit toute la vie et fait souffrir tout l'être humain.

CHAPITRE XXI

Il ne faut pas renoncer à son individualité, mais la soumettre à la conscience réfléchie.

Oui, affirmer que l'homme ne sent pas les
besoins de sa conscience réfléchie, mais seulement ceux de son individualité, c'est affirmer
que les désirs brutaux, à l'accroissement
desquels nous avons employé toute notre
intelligence, ont pris possession de nous et
ont dérobé à nos yeux la vraie vie humaine.
La mauvaise herbe des vices qui se sont mul-
tipliés a étouffé le germe de la vraie vie.

Et comment pourrait-il en être autrement
dans notre siècle, quand ceux que l'on considère comme les instituteurs des autres affir-

ment ouvertement que le plus haut degré de
perfection de l'homme individuel, c'est le
développement général des besoins raffinés de
son individualité, que le bien des masses consiste à avoir beaucoup de besoins et à pouvoir les satisfaire; enfin que le bonheur des
hommes réside dans la satisfaction de leurs
besoins?

Des hommes élevés dans une pareille doctrine pourraient-ils faire autrement que d'affirmer qu'ils ne sentent pas les besoins de la
conscience réfléchie, mais seulement ceux de
l'individualité? Et comment sentiraient-ils les
besoins de la raison, quand celle-ci est consacrée tout entière à l'accroissement de leurs
convoitises? Comment renonceraient-ils à
leurs convoitises, quand elles ont absorbé
toute leur vie?

« Le renoncement à l'individualité est impossible », disent-ils ordinairement, s'effor-
çant exprès de dénaturer le sens et les termes
de la question, en substituant à l'idée de la
soumission de l'individualité à la loi de la
raison celle du renoncement à l'individualité.

« C'est contre nature, disent-ils, par conséquent c'est impossible. » Mais il n'est pas
question de renoncer à l'individualité. Aux
yeux de l'homme sensé, l'individualité est
comme la respiration ou la circulation du
sang pour l'individualité animale ; comment
celle-ci pourrait-elle renoncer à la circulation ?
Il n'y a pas même à en parler. Il ne peut
donc être question pour l'homme sensé de
renoncer à l'individualité, car l'individualité
est à l'homme raisonnable ce que la circulation
du sang est à l'animal.

L'individualité animale ne peut formuler et
ne formule aucun besoin. C'est la raison, faus-
sement dirigée, qui formule ces exigences,
cette raison, dirigée non pas à guider et à
éclairer la vie, mais à accroître les convoitises
de l'individualité.

Les besoins de l'individualité animale peuvent toujours être satisfaits. L'homme n'a pas
le droit de dire : « que mangerai-je, comment
me vêtirai-je ? » S'il vit de la vie raisonnable,
il est pourvu à tous ses besoins, comme cela a
lieu pour l'oiseau et pour la fleur. En effet, est-

il un homme doué de raison, qui s'imagine pouvoir diminuer la misère de son existence, en mettant son individualité à l'abri du besoin?

La misère de l'existence de l'homme provient, non pas de ce qu'il est une individualité, mais de ce qu'il prend l'existence de cette individualité pour la vie et le bonheur. De cela seul naissent pour l'homme et chez l'homme la contradition, le dédoublement et la souffrance.

Les souffrances de l'homme ne commencent que lorsqu'il emploie les forces de sa raison à fortifier et à accroître à l'infini les besoins grandissants de son individualité, afin de se cacher à lui-même les exigences de sa raison.

L'homme ne peut ni ne doit renoncer à son individualité, pas plus qu'à aucune autre des conditions de son existence; mais il ne peut ni ne doit prendre ces conditions pour la vie même. On peut et on doit user des conditions présentes de la vie, mais on ne peut, ni on ne doit regarder ces conditions comme le but de la vie. Ne pas renoncer à l'individua-

lité, mais renoncer au bonheur de l'individualité, cesser de la considérer comme la vie
même, voilà ce que l'homme doit faire pour
que le bonheur auquel doit tendre sa vie lui
soit accessible.

Les grands précepteurs de l'humanité ont
enseigné, depuis les temps les plus reculés, que
placer sa vie dans l'individualité, c'est la nier,
et que le seul moyen possible d'arriver à la
vie, c'est de renoncer au bien individuel.

Oui, mais qu'est-ce donc que cela ? « C'est
le Bouddhisme ! » répondent ordinairement
les hommes de notre siècle. « C'est le nirvâna,
c'est se tenir debout sur un pilier. » Après
avoir parlé de la sorte, ces hommes s'imaginent avoir victorieusement réfuté ce que
chacun sait parfaitement, ce qu'on ne peut
cacher à personne, à savoir que la vie individuelle est misérable et complètement dénuée
de sens.

« C'est le Bouddhisme, le nirvâna, » disent-
ils, et ils s'imaginent avoir réfuté par ces paroles ce qui a été admis et l'est encore par des
milliards d'hommes, ce que chacun de nous

reconnaît parfaitement au fond de son âme, à savoir que la vie consacrée à la poursuite des fins individuelles est funeste et insensée, et que s'il y a quelque issue à cette misère et à ce non-sens, ce n'est que dans le renoncement au bien de l'individualité.

Ils ne sont nullement troublés par l'idée que la plus grande partie de l'humanité a compris et comprend ainsi la vie ; que les plus grands esprits l'ont comprise de même et qu'on ne saurait la comprendre autrement. Ils sont si convaincus que tous les problèmes de la vie, quand ils ne sont pas résolus de la manière la plus satisfaisante, peuvent être éludés grâce au téléphone, aux opérettes, à la bactériologie, à l'éclairage électrique, à la roburite, etc., etc., ils en sont si convaincus, dis-je, que l'idée du renoncement au bien de la vie individuelle ne leur semble qu'un reste de l'antique ignorance.

Et cependant ces malheureux ne se doutent pas que l'Hindou le plus grossier, qui se tient debout sur un pied pendant des années, au nom du renoncement au bien individuel pour arriver au nirvâna, est incomparablement plus vivant qu'eux, les représentants de notre société européenne, redevenus des bêtes, parcourant la terre sur les voies ferrées, et montrant au monde entier leur état bestial à la lumière de l'électricité. L'Hindou a compris qu'il y a contradiction entre la vie de l'individualité et la vie raisonnable et la résout à sa manière ; les hommes de notre monde civilisé non seulement n'ont pas compris cette contradiction, mais ne croient même pas qu'elle existe.

L'idée suivant laquelle la vie humaine n'est pas l'existence individuelle, cette vérité, acquise au prix du travail moral de l'humanité tout entière pendant des milliers d'années, est devenue pour l'homme (non animal) dans le domaine moral, une vérité, non seulement de même valeur, mais beaucoup plus indubitable et plus stable que la rotation de la terre et les lois de la gravitation. Tout homme pensant, le savant, l'ignorant, le vieillard, l'enfant, la comprennent et la connaissent ; elle n'est ignorée que par les indigènes les plus sauvages de l'Afrique et de l'Australie, en même temps que par les hommes à l'abri du besoin qui habitent les villes et les capitales de l'Europe et sont retournés à l'état sauvage. Cette vérité est devenue le patrimoine de l'humanité, et si l'humanité ne rétrograde pas dans ses connaissances accessoires, en mécanique, en algèbre, en astronomie, elle saurait encore moins rétrograder dans la science fondamentale et capitale qui a pour objet de définir sa vie. Il est impossible d'effacer de la conscience de l'humanité ce qu'elle a acquis dans son existence de plusieurs milliers d'années, c'est-à-dire la conviction de la vanité, du non-sens et de la misère de l'existence individuelle. Les tentatives faites pour faire revivre la conception sauvage et antédiluvienne de la vie, considérée comme existence individuelle, tentatives dont s'occupe la prétendue science de notre monde européen, ne font que démontrer d'une manière plus évidente le progrès de la conscience réfléchie dans l'humanité, et montrent clairement à quel point l'humanité s'est débarrassée de ses langes. Les théories philosophiques de la destruction de soi-même et leur application pratique, indiquée par l'accroissement du suicide dans d'effrayantes proportions, démontrent qu'il est impossible à l'humanité de redescendre les degrés de la conscience déjà franchis.

L'humanité en a fini avec l'idée de la vie considérée comme existence individuelle ; elle ne peut y revenir, ni oublier que l'existence individuelle de l'homme n'a pas de sens.

Nous avons beau écrire, parler, faire des découvertes, améliorer notre vie individuelle : la négation de la possibilité du bien individuel reste une vérité inébranlable pour tout homme raisonnable de notre époque.

« Et pourtant elle tourne ! »

Il ne s'agit pas de réfuter les théories de Galilée et de Copernic, ni d'imaginer de nouveaux cercles de Ptolémée, ce qui est impossible, mais il s'agit, pour progresser, de tirer des déductions ultérieures de la vérité déjà admise par la conscience générale de l'humanité. Il en est de même de l'impossibilité du bonheur individuel, reconnue par les brah-

13.

manes, par Bouddha, Laô-Tseu, Salomon, les stoïciens, Jésus-Christ et tous les vrais penseurs de l'humanité.

Il ne faut pas chercher à ignorer cette idée, ni tâcher de l'éluder par tous les moyens possibles ; il faut l'admettre franchement et hardiment et en tirer des déductions ultérieures.

CHAPITRE XXII

Le sentiment de l'amour est la manifestation de l'individualité soumise à la conscience réfléchie.

Un être raisonnable ne saurait consacrer sa vie à la poursuite des fins de l'individualité. Il ne le peut, parce que toutes les voies lui sont fermées, et que le but auquel tend l'individualité animale de l'homme lui est évidemment inaccessible. La conscience réfléchie lui révèle d'autres fins, qui sont non seulement à sa portée, mais satisfont pleinement sa conscience réfléchie. Cependant, de prime abord, sous l'influence de la fausse doctrine du monde, l'homme se figure que ces fins sont en contradiction avec son individualité.

L'homme de notre siècle, dont les appétits individuels sont poussés jusqu'à l'exagération, a beau s'efforcer de se reconnaître dans son *moi* raisonnable, il ne sent pas dans ce *moi* l'aspiration à la vie qu'il sent dans son individualité animale.

Il paraît que le *moi* raisonnable ne fait que contempler la vie, mais ne vit pas lui-même et n'a pas d'aspiration à la vie. Le *moi* raisonnable ne sent pas d'aspiration à la vie, et le *moi* animal est obligé de souffrir ; par conséquent, il ne lui reste plus qu'à se débarrasser de la vie.

C'est de cette manière peu conséquente que les philosophes pessimistes de notre époque (Schópenhauer et Hartmann) résolvent la question ; ils nient la vie tout en y restant, au lieu d'user de la possibilité d'en sortir.

Et c'est ainsi que ceux qui se suicident résolvent de bonne foi cette question en quittant la vie, où ils ne voient que le mal.

Le suicide leur paraît l'unique moyen d'échapper à l'absurdité de la vie humaine à notre époque.

Le raisonnement de la philosophie pessimiste et de la majeure partie de ceux qui se suicident est le suivant : « Je suis un *moi* animal qui aspire à la vie. Ce *moi*, avec ses aspirations, ne peut être satisfait. Je suis, outre cela, un *moi* réfléchi qui n'a aucune aspiration à la vie, qui se contente de contempler en critique la fausse joie de vivre et les passions du *moi* animal, et les nie entièrement.

« Si je me livre au premier *moi*, je vois que je vis d'une manière déraisonnable, que je suis entraîné vers le mal, dans lequel je m'enfonce toujours de plus en plus profondément. Si je me livre au second, au moi raisonnable, il ne reste plus en moi d'aspiration à la vie. Je vois qu'il est absurde et impossible de vivre uniquement pour acquérir ce que je désire, c'est-à-dire le bonheur de mon individualité. On pourrait peut-être vivre pour la conscience réfléchie, mais c'est inutile, et ça n'en vaut pas la peine. Servir le principe d'où je procède, Dieu ? A quoi bon ? Dieu, s'il existe, a bien assez de serviteurs sans moi ; pourquoi le servirais-je ?

« On peut contempler ce jeu de la vie tant qu'il n'ennuie pas. Dès qu'il ennuie, on peut s'en aller, se tuer. C'est ce que je fais. »

Telle est, sous sa forme la plus simple, la conception contradictoire de la vie, que l'humanité connaissait déjà avant Salomon, avant Bouddha, et à laquelle veulent nous ramener les faux docteurs de notre époque.

Les besoins de l'individualité sont poussés jusqu'aux dernières limites de l'absurde. La raison éveillée les renie. Mais ces besoins individuels se sont tellement accrus, ils ont envahi à tel point la conscience de l'homme, qu'il lui semble que la raison nie la vie tout entière.

Il se figure qu'en excluant de sa conception de la vie tout ce que nie sa raison, il ne restera plus rien. Il ne voit déjà plus ce qui reste. Ce reste, qui contient toute la vie, lui semble nul.

« Et la lumière luit dans les ténèbres, et les ténèbres ne l'ont pas comprise. »

La doctrine de la vérité pose ce dilemme : ou la vie absurde, ou le renoncement à cette vie, et elle en donne la solution.

La doctrine, qui s'est toujours appelée la science du bien (l'Évangile), a appris aux hommes qu'au lieu de ce bien trompeur qu'ils recherchent pour l'individualité animale, ils peuvent obtenir immédiatement, dans l'endroit où ils se trouvent, et non pas à une époque et un lieu indéterminés, le bien réel, imprescriptible, qui est toujours à leur portée.

Ce bien n'est pas la déduction d'un raisonnement; ce n'est pas quelque chose qu'il faille chercher on ne sait où; ce n'est pas un bien promis à un lieu ou à une époque indéterminés; mais c'est le bien que l'homme connaît le mieux et vers lequel est entraînée immédiatement toute âme humaine exempte de corruption.

Tous les hommes savent, dès l'âge le plus tendre, qu'outre le bien de l'individualité animale, il existe encore un bien supérieur dans la vie ; ils savent que non seulement ce bien ne dépend pas de l'assouvissement des appétits individuels, mais qu'il grandit d'autant plus que le renoncement au bien de l'individualité animale est plus complet.

Tous les hommes connaissent le sentiment qui résout toutes les contradictions de la vie

humaine et donne le bien suprême à l'homme :
ce sentiment est *l'amour*.

La vie est l'activité de l'individualité animale, soumise à la loi de la raison. La raison
est la loi à laquelle doit être soumise l'individualité animale de l'homme, pour acquérir son
bien. L'amour est la seule activité raisonnable de l'homme.

L'individualité animale tend vers le bien ;
la raison montre à l'homme l'illusion du bien
individuel et ne lui laisse qu'une voie. L'activité dans cette voie, c'est *l'amour*.

L'individualité animale de l'homme réclame
le bien ; la conscience réfléchie lui montre
l'état malheureux de tous les êtres occupés à
lutter les uns contre les autres ; elle lui montre que le bien est inaccessible à son individualité animale, que le seul bien qui pourrait
être à sa portée serait celui qui ne provoque-
rait ni la lutte avec les autres êtres, ni la
cessation du bonheur, ni la satiété, ni l'appréhension et l'horreur de la mort.

Et voici que l'homme découvre dans son
âme un sentiment qui est comme une clef qui

ne va qu'à cette serrure. Ce sentiment lui procure le bien que sa raison lui indique comme étant le seul possible. Et ce sentiment résout non seulement la précédente contradiction de la vie, mais encore trouve, pour ainsi dire, dans cette contradiction même le moyen de se manifester. Les individualités animales s'efforcent, pour arriver à leurs fins, de se servir de l'individualité de l'homme ; et voilà que le sentiment de l'amour pousse l'homme à consacrer son individualité au bien des autres êtres.

L'individualité animale souffre. Et c'est justement le soulagement de ces souffrances qui forme le principal objet de l'activité de l'amour.

En aspirant à son bien, l'individualité animale se précipite à chaque souffle vers le mal suprême, la mort, dont l'appréhension trouble toute jouissance individuelle ; et voilà que le sentiment de l'amour fait non seulement disparaître cette épouvante, mais pousse encore l'homme à sacrifier entièrement son existence charnelle au bien des autres.

CHAPITRE XXIII

La manifestation du sentiment de l'amour est impossible aux hommes qui ne comprennent pas le sens de leur vie.

Tout homme sait que dans le sentiment de l'amour il y a quelque chose de particulier, capable de résoudre toutes les contradictions de la vie et de donner à l'homme ce bien complet dont la recherche constitue sa vie. Mais c'est un sentiment qui ne se manifeste que rarement, dure peu et est suivi de souffrances encore plus grandes, disent les hommes qui ne comprennent pas la vie. L'amour n'apparaît pas à ces hommes comme l'unique et légitime manifestation de la vie, ainsi que le conçoit la conscience réfléchie, mais seule-

ment comme une des mille éventualités de la
vie ; il apparaît comme une de ces mille
phases morales variées, par lesquelles l'homme
passe durant son existence ; tantôt il fait le
petit maître, tantôt il s'adonne à la science,
tantôt à l'art, tantôt à ses fonctions, tantôt il
se laisse entraîner par l'ambition, par le désir
du gain, tantôt il aime quelqu'un. L'état
d'amour apparaît aux hommes, qui ne comprennent pas la vie, non comme l'essence
même de la vie humaine, mais comme un
état accidentel, aussi indépendant de sa volonté que tous ceux par lesquels il passe
durant sa vie. Il arrive même souvent de lire
et d'entendre dire que l'amour est un certain
état douloureux et anormal, qui dérange le
cours régulier de la vie.

C'est ce que doit éprouver le hibou quand le
soleil se lève.

Ces mêmes hommes sentent, il est vrai,
que dans l'état d'amour il y a quelque chose
de particulier, plus important que dans tous
les autres états. Mais, comme ils ne comprennent pas la vie, ils ne sauraient comprendre

l'amour, et cet état leur semble aussi misérable et aussi trompeur que tous les autres.

« Aimer?... Mais qui donc? Pour quelque
temps ça n'en vaut pas la peine, et aimer éternellement est impossible... » (1)

Ces paroles expliquent, d'une manière précise, ce que les hommes sentent vaguement, à
savoir que dans l'amour se trouve le remède
aux misères de la vie, ce je ne sais quoi qui
ressemble au vrai bien, et en même temps que
l'amour ne peut être l'ancre de salut pour les
hommes qui ne comprennent pas la vie. L'a-
mour ne peut avoir d'objet digne de lui, et tout
amour passe. Par conséquent, l'amour ne saurait être un bien que s'il y avait un objet
qu'on pût aimer éternellement. Mais, comme
il n'y en a point, il n'y a pas de salut dans
l'amour, et l'amour est une déception et une
souffrance comme tout le reste.

Ils ne sauraient comprendre autrement l'a-
mour, ces hommes qui enseignent et qui ont
appris eux-mêmes que la vie n'est autre chose

---

(1) Vers de Lermontoff

que l'existence animale. A leurs yeux, l'amour ne répond même pas à l'idée que nous attachons involontairement à ce mot. Cet amour n'est pas une activité bienfaisante qui procure le bonheur à celui qui aime et à celui qui est aimé. Dans la pensée des hommes qui placent la vie dans l'individualité animale, l'amour est souvent un sentiment semblable à celui qui pousse une mère, pour le bien de son enfant, à priver un autre enfant affamé du lait de sa mère ; c'est ce sentiment qui pousse un père à enlever, au prix de mille fatigues, leur morceau de pain à des gens affamés pour assurer l'existence de ses enfants ; c'est ce sentiment qui fait que celui qui aime une femme souffre de cet amour et la fait souffrir elle-même, en la séduisant ou en se perdant avec elle par jalousie ; c'est ce sentiment qui pousse même l'homme à violer une femme ; c'est ce sentiment qui fait que les hommes d'une même association tâchent de nuire aux autres afin de sauvegarder les intérêts de leurs associés ; c'est ce même sentiment qui pousse un homme à s'adonner au prix des plus grandes fatigues à une manie favorite, malgré la peine et la souffrance qui en résultent pour ceux qui l'entourent ; c'est sous l'influence de ce sentiment que les hommes, ne pouvant supporter l'affront fait à une patrie bien-aimée, couvrent les champs de bataille de morts et de blessés, amis et ennemis.

Bien plus, pour les hommes qui placent la vie dans le bien de l'individualité animale, l'activité de l'amour offre de telles difficultés, que ses manifestations deviennent non seulement pénibles, mais souvent impossibles. Il ne faut pas raisonner sur l'amour, disent ordinairement les hommes qui ne comprennent pas la vie, mais s'abandonner au sentiment spontané de préférence et de partialité qu'on éprouve pour les hommes : c'est là le véritable amour.

Ils ont raison en disant qu'il ne faut pas raisonner sur l'amour, et que tout raisonnement sur l'amour le détruit. Malheureusement ils parlent contre eux-mêmes, car il n'y a que les hommes qui ont déjà employé leur raison à comprendre la vie et ont renoncé au bien de la vie individuelle, qui puissent ne pas raisonner sur l'amour ; mais ceux qui n'ont pas compris la vie et qui ne vivent que pour acquérir le bien de l'individualité animale, ne peuvent s'empêcher de raisonner. Cela leur est nécessaire pour pouvoir s'abandonner à ce sentiment qu'ils appellent l'amour.

Toute manifestation de ce sentiment ne leur est possible qu'à la condition de raisonner et de résoudre des questions insolubles.

En réalité, tout homme préfère son enfant, sa femme, ses amis, sa patrie, aux enfants, aux femmes, aux amis et à la patrie des autres, et nomme ce sentiment l'amour. Aimer signifie en général faire le bien. C'est ainsi que nous comprenons tous l'amour, et nous ne saurions le comprendre autrement. Ainsi, quand j'aime mon enfant, ma femme, ma patrie, cela signifie que je leur souhaite plus de bien qu'aux autres enfants, aux autres femmes et autres patries. Il n'arrive jamais et il ne peut arriver que je n'aime que mon enfant, que ma femme, ou que ma patrie. Tout homme aime à la fois et sa femme, et ses enfants, et sa patrie, et les

hommes en général. Cependant les conditions
du bien qu'il souhaite aux différents êtres
aimés, en vertu de son amour, sont si inti-
mement liées, que toute preuve d'affection de
l'homme à l'égard d'un des êtres aimés, en-
trave non seulement son affection à l'égard
des autres, mais leur cause du préjudice.

Et voilà que surgissent les questions sui-
vantes : au nom de quel amour et comment
agir ? Au nom de quel amour faut-il sacrifier
un autre amour ? Qui aimer le plus et à qui
faire le plus de bien : à la femme ou aux enfants, aux enfants et à la femme ou aux amis ?
Comment servir une patrie bien-aimée, sans
porter préjudice à l'amour pour la femme, les
enfants et les amis ? Enfin, comment résoudre
la question de savoir dans quelle mesure je
puis sacrifier mon individualité, nécessaire
au service des autres ? Dans quelle mesure
puis-je me préoccuper de moi-même pour
pouvoir servir ceux que j'aime ? Toutes ces
questions semblent très simples aux hommes
qui n'ont pas essayé de se rendre compte de
ce sentiment qu'ils nomment l'amour ; tandis

que, bien loin d'être simples, elles sont complètement insolubles.

Ce n'est pas sans intention que le docteur de l'Evangile pose cette même question au Christ : « Qui est le prochain? » Il n'y a que les hommes qui oublient les conditions réelles de la vie humaine qui puissent croire qu'il est aisé de répondre à cette question.

Si les hommes étaient des dieux, comme nous nous le figurons, alors seulement ils pourraient n'aimer que des hommes choisis; alors seulement l'acte de préférer les uns aux autres pourrait être le véritable amour. Mais les hommes ne sont pas des dieux et se trouvent dans des conditions d'existence, où tous les êtres vivants vivent toujours les uns aux dépens des autres, s'entre-dévorant réellement ou au figuré ; et l'homme, en tant qu'être raisonnable, doit savoir que tout bien matériel n'est obtenu par un être qu'au préjudice d'un autre être. En vain, les superstitions religieuses et scientifiques confirment l'homme dans la croyance à un âge d'or à venir, dans lequel chacun aura tout ce dont il a besoin, l'homme

raisonnable voit et sait que la loi de son existence sensible est la lutte de tous contre cha
cun, et de chacun contre tous.

Dans cette presse et cette lutte animales
d'intérêts dont se compose la vie du monde, il
est impossible à l'homme d'aimer quelques élus,
comme se l'imaginent les hommes qui ne comprennent pas la vie. L'homme, même s'il aime
quelques élus, n'en aime jamais seulement un
seul. Tout homme aime la mère, et la femme,
et l'enfant, et les amis, et la patrie, et même
tous les hommes. Et l'amour n'est pas seulement un mot (comme tous s'accordent à le
reconnaître), mais c'est une activité qui a pour
mobile le bien des autres. Mais cette activité
ne s'accomplit pas dans un ordre déterminé,
les sollicitations de l'amour le plus fort appa-
raissant les premières à l'homme, celles d'un
amour plus faible ne venant qu'en second lieu,
et ainsi de suite. Les exigences de l'amour se
présentent toutes ensemble, incessamment et
sans aucun ordre. Voici un vieillard affamé
pour lequel j'ai un peu d'affection, qui vient
me demander la nourriture que je réserve pour

le souper de mes enfants bien-aimés ; comment me décider entre : exigences présentes d'un amour plus faible, et les exigences futures d'un amour plus fort ?

Ce sont ces mêmes questions qui furent posées par le docteur de la loi au Christ : « Qui est le prochain ? » En effet, comment décider qui on doit servir et dans quelle mesure : les hommes ou la patrie, la patrie ou ses amis, ou sa femme ? sa femme ou son père ? son père ou ses enfants ? ses enfants ou soi-même ? (De telle sorte qu'on soit en état de se consacrer au service des autres quand ce sera nécessaire).

Ce sont autant de sollicitations de l'amour, et elles sont toutes étroitement liées entre elles, de sorte qu'en obéissant aux unes l'homme est privé de la possibilité de satisfaire aux autres. Mais, si j'admets qu'on puisse ne pas vêtir un enfant transi de froid, sous prétexte que mes enfants auront un jour besoin de ce vêtement qu'on me demande, je puis aussi résister aux autres exigences de l'amour au nom de mes futurs enfants.

Il en est de même de l'amour pour la patrie, pour mes manies favorites et pour tous les hommes. Si l'homme est capable de résister aux exigences de l'amour présent le plus faible, en considération des exigences d'un amour futur plus grand, n'est-il pas évident que cet homme ne sera jamais capable, quand même il le désirerait de toutes ses forces, de décider dans quelle mesure il peut renoncer aux exigences du présent au nom de l'avenir; par conséquent, n'étant pas en état de résoudre cette question, il choisira toujours la manifestation de l'amour qui lui plaira, en d'autres termes il n'agira pas au nom de l'amour, mais au nom de son individualité. Si l'homme décide qu'il est préférable pour lui de résister aux exigences de l'amour présent le plus faible, au nom de la manifestation d'un grand amour futur, il trompe ou lui-même ou les autres et n'aime que lui-même.

L'amour à venir n'existe pas; l'amour n'est que l'activité dans le présent. L'homme, qui ne manifeste pas son amour dans le présent, n'a pas d'amour.

Il se produit, pour la fausse idée que se font les hommes de l'amour, ce qui se produit pour l'idée que se font de la vie les hommes qui ne possèdent point la vie. Si les hommes étaient des animaux, s'ils étaient privés de raison, ils mèneraient l'existence des brutes et ne raisonneraient point sur la vie ; leur existence animale serait normale et heureuse. Il en est de même de l'amour : si les hommes étaient des animaux privés de raison, ils aimeraient ce que les animaux aiment, c'est-à-dire leurs louveteaux, leur troupeau, et ne sauraient pas qu'ils les aiment. Ils ignoreraient également que les autres loups aiment leurs louveteaux et que les membres d'un autre troupeau aiment leur compagnons, en un mot, leur amour et leur vie seraient l'amour et la vie compatibles avec le degré de conscience qui leur serait propre.

Mais les hommes sont des êtres raisonnables et doivent forcément voir que les autres êtres ont un amour semblable pour leurs proches, et partant que ces sentiments d'amour doivent être en opposition entre eux et produire quel-

que chose d'opposé au bien et d'entièrement
contraire à l'idée de l'amour.

Mais, quand les hommes font usage de leur
raison pour justifier et fortifier ce mauvais
sentiment brutal qu'ils nomment l'amour, en
lui donnant des proportions monstrueuses,
alors ce sentiment devient non seulement funeste, mais fait de l'homme (vérité connue
depuis longtemps) l'animal le plus méchant et
le plus terrible. Il arrive ce qui est dit dans
l'Evangile :

« Si donc la lumière qui est en toi n'est que
ténèbres, combien seront grandes les ténèbres ! »

S'il n'y avait en l'homme que son amour
pour lui-même et pour ses enfants, il n'y aurait pas la 99ᵉ partie du mal parmi les hommes. Les 99 parties du mal parmi les hommes
proviennent de ce faux sentiment qu'ils nomment l'amour, en l'exaltant, et qui ne ressemble pas plus à l'amour que la vie de l'animal ne ressemble à la vie de l'homme.

Ce que les hommes qui ne comprennent pas
la vie appellent l'amour, ne consiste qu'à pré-

férer certaines conditions du bien de son individualité à d'autres. Quand l'homme qui ne comprend pas la vie dit qu'il aime sa femme, son enfant, ou son ami, il veut dire seulement que la présence dans sa vie de sa femme, de son enfant, de son ami, augmente le bien de sa vie individuelle.

Ces préférences sont à l'amour ce que l'existence est à la vie. De même que les hommes qui ne comprennent pas la vie donnent ce nom à l'existence, de même ces hommes appellent amour l'action de préférer certaines conditions de l'existence individuelle à d'autres.

Ce sentiment, c'est-à-dire ces préférences pour certains êtres, par exemple pour ses enfants ou même pour certaines occupations, telles que la science et les arts, nous nommons aussi cela l'amour; c'est de tels sentiments, de telles préférences variées à l'infini, que se compose l'ensemble de la vie humaine visible et palpable; ils ne peuvent être nommés amour, parce qu'ils n'offrent pas le caractère principal de l'amour, à savoir une activité qui a pour but et pour effet le bien.

L'énergie avec laquelle se manifestent ces préférences ne montre que l'énergie de l'individualité animale. La passion qui nous fait préférer certains hommes à d'autres, appelée improprement amour, n'est qu'un sauvageon sur lequel le véritable amour peut être greffé et produire ses fruits. Mais, de même que cet arbre sauvage n'est pas un pommier et ne porte pas de fruits ou n'en porte que d'amers, ainsi la partialité n'est pas l'amour, et ne fait pas de bien aux hommes ou produit même un très grand mal. Aussi cause-t-il le plus grand mal au monde, cet amour si vanté pour la femme, pour les enfants et les amis, sans parler de l'amour pour la science, pour l'art, pour la patrie, qui ne consiste qu'à préférer pour un temps certaines conditions de la vie animale à d'autres.

CHAPITRE XXIV

Le véritable amour est la conséquence du renoncement
au bien de l'individualité.

Le véritable amour n'est possible que si l'on
renonce au bien de l'individualité animale.

Le véritable amour ne devient accessible à
l'homme que lorsqu'il comprend qu'il lui est
impossible d'acquérir le bien de son individualité animale. C'est alors seulement que tous les
sucs de sa vie viennent alimenter la noble
greffe de l'amour véritable, et cette greffe
emprunte pour sa croissance toute sa vigueur
au tronc de cet arbre sauvage, l'individualité animale. La doctrine du Christ est la
greffe de cet amour, comme il l'a dit lui-même.

Il a dit que lui-même, que son amour est ce cep de vigne qui seul porte des fruits, et que tout sarment qui ne porte pas de fruits doit être coupé.

Le véritable amour n'est intelligible que pour celui qui non seulement a compris, mais a reconnu, par la pratique de la vie, la vérité de cette parole : « Celui qui garde sa vie la perdra, mais celui qui perd sa vie pour Moi la conservera. »

Le véritable amour n'est accessible qu'à celui qui a compris que « qui aime sa vie la perdra, et qui hait sa vie en ce monde la conservera dans la vie éternelle. »

» Celui qui aime son père ou sa mère plus que Moi n'est pas digne de Moi. Celui qui aime son fils ou sa fille plus que Moi n'est pas digne de Moi. » « Car, si vous n'aimez que ceux qui vous aiment, ce n'est pas de l'amour ; aimez vos ennemis, faites du bien à ceux qui vous haïssent. »

Ce n'est pas par amour pour un père, pour un fils, pour une femme, pour des amis, pour des hommes bons et aimables, comme on le croit ordinairement, que les hommes renoncent à l'individualié, c'est uniquement par suite de la conscience du néant de l'existence individuelle, de l'impossibilité du bonheur de cette existence; par conséquent, ce n'est qu'en renonçant à la vie individuelle que l'homme arrive à connaître le véritable amour, à pouvoir aimer véritablement son père, son fils, sa femme, ses enfants et ses amis.

L'amour est la préférence que nous accordons à d'autres êtres aux dépens de nous-mêmes, de notre individualité animale.

Le sacrifice des intérêts immédiats de l'individualité, en vue d'atteindre le but éloigné de cette même individualité, comme cela a lieu dans le soi-disant amour qui ne repose pas sur le renoncement à soi-même, ce sacrifice, dis-je, n'est que l'action de préférer tels êtres à tels autres, en vue de son bien individuel; ce n'est pas l'amour. Avant de devenir un sentiment actif, le véritable amour doit être un certain état de l'âme. Le principe de l'amour, sa racine, n'est pas comme on se l'imagine ordi-

nairement, un élan de passion qui obscurcit la
raison ; c'est au contraire l'état de l'âme le
plus rationnel et le plus lumineux, partant le
plus calme et le plus joyeux qui existe ; c'est
l'état propre aux enfants et aux sages.

Cet état de bienveillance pour tous les
hommes est naturel à l'enfant ; chez l'homme
fait, il ne se développe qu'au moyen du renoncement et ne s'accroît que dans la mesure du
renoncement au bien de l'individualité. Souvent nous entendons dire : « Cela m'est bien
égal, je n'ai besoin de rien, » et nous nous
apercevons en même temps que celui qui
parle de la sorte est animé de sentiments mal-
veillants pour autrui. Mais que chacun essaie
au moins une fois, dans un moment de colère,
de se dire sincèrement et du fond du cœur :
« Cela m'est égal, je n'ai besoin de rien, » qu'il
s'efforce, ne fût-ce que pour un instant, de renoncer à tout désir individuel, et il verra par
cette simple expérience intime avec quelle ra-
pidité disparaîtra tout sentiment de malveil-
lance, et si son renoncement a été sincère,
il verra quel torrent de bienveillance pour tous

les hommes jaillira de son cœur fermé jusque-là.

En effet, aimer c'est préférer autrui à soi-même ; c'est ainsi que nous comprenons tous l'amour et nous ne saurions le comprendre autrement. La grandeur de l'amour est comme une fraction dont le numérateur — mes préférences, mes sympathies pour autrui, ne dépend pas de moi, tandis que le dénominateur, mon amour pour moi-même, peut être agrandi ou réduit par moi à l'infini, suivant l'importance que j'attache à mon individualité animale. Les raisonnements du monde sur l'amour et ses degrés sont des raisonnements sur la valeur des fractions selon les numérateurs seuls, sans tenir compte des dénominateurs.

Le véritable amour a toujours pour base le renoncement au bien individuel et le sentiment de bienveillance pour autrui qui en résulte. Le véritable amour pour certains hommes, parents ou étrangers, ne peut croître que sur le terrain de la bienveillance générale. C'est le seul amour qui puisse nous procurer le bien véritable de la vie et résoudre la contradiction apparente entre l'être animal et la conscience réfléchie. L'amour qui ne repose pas sur le renoncement à l'individualité et sur la bienveillance pour autrui qui en résulte, n'est autre chose que la vie animale; et cette vie est exposée aux mêmes maux et à des maux encore plus grands que la vie sans cet amour prétendu, et elle est encore plus insensée.

Ce sentiment de partialité que l'on nomme amour non seulement ne supprime pas la lutte pour l'existence, ne détourne pas l'individualité de la poursuite des jouissances, ne délivre pas de la mort, mais ne fait qu'obscurcir la vie, rendre la lutte plus acharnée, accroître la soif des jouissances pour soi et pour autrui, et augmenter la crainte de la mort et de celle d'autrui.

Celui qui fait consister sa vie dans l'existence de l'individualité animale, ne peut aimer, car l'amour doit lui paraître une activité diamétralement opposée à sa vie. La vie d'un tel homme réside uniquement dans le bien de l'existence animale, et l'amour exige avant tout le sacrifice de ce bien. Si celui qui ne comprend pas la vie voulait sincèrement se mettre à prati-

quer l'amour, il serait incapable de le faire
avant d'avoir compris la vie et modifié toutes
ses manière de vivre. Celui qui fait consister
sa vie dans le bien de l'individualité animale,
emploie tout son temps à accroître les res-
sources de son bien animal, en acquérant des
richesses et en les conservant ; il oblige les
autres à contribuer à son bien animal, et il dis-
tribue ses faveurs à ceux qui ont le plus con-
tribué à assurer le bien de son individualité.
Comment pourrait-il faire le sacrifice de sa
vie, quand elle est soutenue par d'autres que
par lui ? Il lui est plus difficile encore de choisir, entre les hommes qu'il préfère, celui auquel il transmettra les biens qu'il a accumulés,
et de savoir à qui il doit être utile.

Pour être en état de donner sa vie, il devra
tout d'abord renoncer à ce surplus qu'il prélève
sur les autres pour le bien de sa vie ; il devra
ensuite accomplir une chose impossible : décider auquel de ses semblables il doit consacrer
sa vie ? Avant d'être en état d'aimer, c'est-à-
dire de faire le bien en se sacrifiant, il doit
cesser de haïr, c'est-à-dire de faire le mal, il

doit cesser de préférer les uns aux autres pour le bien de son individualité.

L'amour actif, le seul qui puisse satisfaire l'homme et ses semblables, n'est possible qu'à celui qui ne place pas le bien dans la vie individuelle, partant ne se préoccupe pas de ce faux bien et donne libre cours à ce sentiment de bienveillance pour autrui, qui est le propre de l'homme.

Le bien de la vie d'un tel homme réside dans l'amour, de même que celui de la plante a sa source dans la lumière. Et de même que la plante, en plein air, ne peut demander et ne demande pas de quel côté elle doit croître, si la lumière est bonne et si elle ne doit pas en attendre une autre meilleure, mais profite de la lumière unique qui est répandue dans le monde et tend vers elle, — ainsi l'homme, qui a renoncé au bien de l'individualité, ne s'inquiète pas de savoir ce qu'il doit restituer de ce qu'il a enlevé aux autres hommes et à quels êtres aimés il doit le rendre; il ne s'inquiète pas de savoir s'il existe un autre amour préférable à celui qui le sollicite; mais il s'aban-

donne lui-même et consacre son existence à
l'amour qui est à sa portée et qu'il voit devant
lui. C'est le seul amour qui puisse satisfaire
pleinement la nature raisonnable de l'homme.

CHAPITRE XXV

L'amour est l'unique et complète activité de la
vraie vie.

Il n'y a pas d'autre amour que celui qui
consiste à donner sa vie pour ceux qu'on aime.
L'amour n'est vraiment digne de ce nom que
lorsqu'il est un sacrifice de soi-même. Lorsqu'un homme donne à un autre non seulement son temps et ses forces, mais use son
corps pour l'objet aimé, lui donne sa vie, alors
seulement nous reconnaissons tous que c'est
là l'amour, le seul amour qui puisse nous
procurer à tous le bien, récompense de l'a-
mour. Et c'est seulement parce que cet amour
existe dans le cœur des hommes que le monde
peut subsister. Une mère qui allaite se donne

elle-même, donne son propre corps en nourriture à ses enfants, qui ne pourraient vivre
sans cela. Voilà l'amour. De même l'ouvrier
qui, pour le bien-être des autres, use son corps
par le travail et se rapproche ainsi de la mort,
se donne aussi lui-même, donne son corps en
nourriture à autrui. Et cet amour n'est possible qu'à l'homme pour lequel il n'existe aucune barrière entre le sacrifice de soi-même
et les êtres aimés. La mère qui confie son
enfant à une nourrice, ne peut l'aimer ;
l'homme occupé à acquérir et à conserver des
richesses, ne peut aimer.

« Celui qui dit qu'il est dans la lumière et
qui hait son frère, est encore dans les ténèbres. Celui qui aime son frère, demeure dans
la lumière, et il n'y a rien en lui qui le fasse
broncher. Mais celui qui hait son frère est
dans les ténèbres et marche dans les ténèbres,
et il ne sait où il va, parce que les ténèbres
empêchent ses yeux de voir. N'aimons pas
seulement de la langue et en paroles, mais en
effet et en vérité. Car c'est à cela que nous
connaissons que nous sommes dans la vérité,

et c'est par là que nous assurerons nos cœurs devant lui. »

« C'est en cela que la charité est accomplie en nous, afin que nous ayons confiance au jour du jugement, que nous soyons dans ce monde tels qu'il est en lui-même. Il n'y a point de crainte dans la charité, mais la parfaite charité bannit la crainte, car la crainte est accompagnée de peines et celui qui craint n'est pas parfait dans l'amour. »

Voilà le seul amour qui puisse donner la vraie vie aux hommes.

« Tu aimeras le Seigneur, ton Dieu, de tout ton cœur, de toute ton âme et de tout ton esprit. C'est le plus grand et le premier commandement. »

Le second qui lui est semblable :

« Tu aimeras ton prochain comme toi-même », dit le docteur de la loi au Christ. A cela Jésus répondit : « Tu as bien répondu, fais cela, c'est-à-dire aime Dieu et ton prochain et tu *vivras.* »

Le vrai amour est la vie même.

« Nous connaissons par là que nous som-

mes passés de la mort à la vie parce que nous
aimons nos frères, » dit le disciple du Christ.
Celui qui n'aime pas son frère, demeure
« dans la mort. »

Il n'y a que celui qui aime, qui possède la
vie. L'amour, selon la doctrine du Christ, est
la vie même, non point une vie déraisonnable,
douloureuse, périssable, mais une vie heureuse et éternelle. Et nous savons tout cela.

L'amour n'est pas la conséquence d'un raisonnement, ni le résultat d'une certaine activité, mais c'est l'activité elle-même de la vie,
l'activité la plus joyeuse de la vie qui nous entoure de tous côtés et que nous avons tous
ressentie en nous, depuis les premiers souvenirs de notre enfance jusqu'au moment où les
fausses doctrines du siècle l'ont étouffée dans
notre âme et nous ont rendu incapables de
l'éprouver.

L'amour n'est pas une préférence pour ce
qui augmente le bien passager de l'individualité
de l'homme, comme l'amour pour des êtres ou
des objets choisis, mais c'est l'aspiration au
bien des autres qui demeure en l'homme

16.

après qu'il a renoncé à son propre bien.

Quel est celui des hommes vivants qui ne connaît pas ce sentiment de félicité pour l'avoir éprouvé au moins une fois, et surtout dans sa plus tendre enfance, alors que son âme n'était pas encore obstruée par toutes les doctrines mensongères qui étouffent en nous la vie, ce sentiment de bonheur et de tendresse, qui fait que l'on voudrait tout aimer : et ses proches, et son père, et sa mère, et ses frères, et les méchants, et les ennemis, et le chien, et le cheval, et le brin d'herbe, qui fait que l'on n'éprouve qu'un désir, c'est que tout le monde soit heureux et content, et que l'on désire encore plus ardemment faire en sorte que tous soient heureux, que l'on désire enfin faire le sacrifice de soi-même et de toute sa vie pour que tous soient toujours heureux et contents.

C'est précisément là l'amour et c'est le seul en qui réside la vie de l'homme. Cet amour se manifeste dans l'âme humaine comme un tendre germe, à peine remarquable parmi les germes grossiers des mauvaises herbes qui

lui ressemblent, c'est-à-dire les divers appétits
de l'homme que nous nommons l'amour.

En l'observant dans les autres et en l'éprou-
vant soi-même, l'homme se figure d'abord que
ce germe, d'où sortira un arbre où les oiseaux
trouveront un abri, ressemble à tous les autres
germes. Les hommes préfèrent même d'abord
les germes des mauvaises herbes dont la croissance est plus rapide, et l'unique germe de la
vie est étouffé et dépérit. Mais ce qui est plus
fâcheux et arrive plus fréquemment, c'est que
les hommes, ayant appris qu'au nombre de ces
germes il y en a un nommé amour, le seul
véritable, le seul capable de donner la vie, se
mettent à cultiver à sa place un des germes des
mauvaises herbes, qu'il nomment l'amour et,
en le faisant, foulent aux pieds celui qui est le
seul véritable. Bien plus, saisissant d'une
main brutale le germe véritable, ils s'écrient :
« Le voici, nous l'avons trouvé, maintenant
nous le connaissons; nous le cultiverons, c'est
lui, c'est l'amour! Le voici ce sentiment su-
blime! » Et ils se mettent à le transplanter,
à tâcher de l'améliorer; et le germe, à force

d'être manié et froissé, meurt avant d'avoir fleuri. Alors ces mêmes hommes ou d'autres, disent : « Vivre d'amour est absurde, impossible, c'est de la sentimentalité ! » C'est que le germe de l'amour si délicat, si sensible à tout contact lors de sa naissance, ne devient puissant qu'en se développant. Tout ce que feront les hommes pour le modifier, ne pourra que lui nuire. Tout ce dont il a besoin, c'est que rien ne lui cache le soleil de la raison, qui seul le fait croître.

CHAPITRE XXVI

Les efforts que font les hommes pour l'amélioration impossible de leur existence les privent de la possibilité de vivre de la vie véritable.

L'homme ne peut obtenir le bien que s'il reconnaît la chimère et l'illusion de l'existence animale, et que s'il donne libre cours en lui-même à la vraie vie de l'amour. Que font donc les hommes pour acquérir ce bien ? Ceux dont l'existence n'est autre chose qu'une lente destruction de l'individualité et un acheminement vers la mort inévitable de cette individualité, ce qu'ils ne peuvent ignorer, ceux-là, n'ont d'autre but durant leur existence et ne s'efforcent que de soutenir cette individualité qui périt et de satisfaire

sos appétits, so privant ainsi de la possibilité
d'acquérir l'unique bien de la vie, c'est-à-dire
l'amour.

L'activité des hommes, qui ne comprennent
point la vie, est employée pendant toute leur
existence à lutter pour cette existence, à se
procurer des jouissances, à éviter les souffrances et à éloigner d'eux la mort qu'ils ne
peuvent éviter. Mais l'accroissement des jouissances accroît aussi l'acharnement de la lutte,
la faculté de sentir la douleur et rapproche de
la mort. Pour se dissimuler l'approche de la
mort, il n'y a qu'un moyen : accroître encore
les jouissances. Mais l'accroissement des jouissances atteint sa dernière limite ; les jouissances ne pouvant plus être accrues se chan-
gent en souffrances, et il ne reste plus que la
faculté de les sentir plus vivement et l'horreur de la mort qui se rapproche de plus en
plus. C'est un cercle vicieux : une chose en
produit une autre, et l'une augmente l'autre.
Le grand malheur des hommes qui ne comprennent pas la vie, c'est que les choses qu'ils
considèrent comme des jouissances (toutes

les jouissances de la vie opulente), sont de
telle nature qu'elles ne peuvent être répar-
ties également entre tous, mais qu'elles doivent être enlevées à autrui et acquises par la
violence; c'est là ce qui rend impossible ce
sentiment de bienveillance pour autrui, d'où
naît l'amour. De sorte que les jouissances
sont toujours diamétralement opposées à l'a-
mour, et plus elles sont vives, plus elles lui
sont opposées. Par conséquent, plus l'activité
déployée afin d'acquérir des jouissances est
forte et intense, plus il est impossible d'acquérir l'unique bien accessible à l'homme,
c'est-à-dire l'amour.

La vie n'est pas comprise comme la conçoit
la conscience réfléchie, comme une soumission invisible, mais incontestable de l'animal
à la loi de la raison, comme une soumission
incessante, qui dégage pour ainsi dire cette
bienveillance envers autrui, qui est le propre de
l'homme, comme une soumission à l'activité de
l'amour qui en découle; la vie n'est envisagée
que comme une existence charnelle d'une certaine durée, dans des conditions déterminées

et établies par nous, qui, au contraire, excluent la possibilité de la bienveillance envers tous.

Les hommes imbus de la doctrine du siècle, qui ont employé leur raison à établir certaines conditions d'existence, se figurent que l'accroissement du bien de la vie provient d'un meilleur arrangement de l'existence. Mais cette amélioration de leur existence dépend d'un surcroît de violences exercées sur les hommes, ce qui est diamétralement opposé à l'amour. C'est pourquoi plus les hommes améliorent leur situation, moins ils ont la possibilité d'aimer, c'est-à-dire de vivre.

N'ayant pas employé leur raison à comprendre que le bien de l'existence animale de tous les hommes sans exception est égal à zéro, ils ont pris ce zéro pour une quantité susceptible d'être diminuée et augmentée, et ils emploient à la prétendue augmentation, à la multiplication de ce zéro toute leur raison demeurée sans application.

Les hommes ne voient pas que ce rien, ce zéro, par quelque quantité qu'il soit multiplié,

reste toujours égal à n'importe quel autre zéro ;
ils ne voient pas que l'existence de l'individualité animale de tout homme est également
misérable et ne peut être améliorée par aucune
des conditions extérieures. Les hommes ne
veulent pas voir qu'il n'y a pas d'existence
charnelle qui puisse être plus heureuse qu'une
autre : c'est une loi semblable à celle suivant
laquelle, en aucun point de la surface d'un lac,
l'eau ne peut être élevée au-dessus du niveau
commun. Les hommes dont la raison est pervertie ne voient point cela, et emploient cette
raison pervertie à exécuter cette œuvre impossible, c'est-à-dire à élever l'eau à différents
points de la surface du lac. C'est à peu près ce
que font les enfants qui se baignent, ce qu'ils
appellent : « brasser de la bière. » Ainsi se
passe toute leur existence.

Il leur semble que les existences des hommes
sont plus ou moins bonnes et heureuses.
L'existence d'un pauvre ouvrier ou d'un malade est mauvaise et malheureuse, disent-ils ;
l'existence d'un riche ou d'un homme bien
portant est bonne et heureuse ; et ils appli-

quent toutes les forces de leur raison à éviter l'existence mauvaise, malheureuse, pauvre, on butte aux maladies, et à se créer une existence bonne, opulente, exempte de maladies, heureuse.

Des générations ont travaillé à rechercher les moyens d'arranger et d'entretenir ces diverses existences heureuses, et les programmes de ces vies prétendues meilleures (car c'est ainsi que les hommes appellent leur existence animale) nous ont été transmis par héritage. Les hommes rivalisent d'efforts pour soutenir de leur mieux cette vie heureuse, dont ils ont hérité par suite des dispositions de leurs parents, ou pour s'en créer une nouvelle, encore plus heureuse. Ils se figurent qu'en maintenant cet arrangement héréditaire ou en en créant un nouveau, encore meilleur à leur point de vue, ils font quelque chose de réel.

En s'entretenant mutuellement dans cette illusion, les hommes en arrivent à tellement se persuader que la vie consiste dans ce « battement » insensé de l'eau, dont l'absurdité devrait être évidente pour chacun d'eux, ils en sont si convaincus, dis-je, qu'ils repoussent avec mépris les sollicitations de la vraie vie, qu'ils ne cessent d'entendre : et dans les enseignements de la vérité, et dans les exemples tirés de la vie des hommes vivants, et dans leur cœur engourdi, où ne se tait jamais complètement la voix de la raison et de l'amour.

Il se passe quelque chose d'extraordinaire. Les hommes, la majeure partie des hommes ayant la possibilité de vivre d'une vie de raison et d'amour, sont dans la même situation que des moutons qu'on fait sortir d'une maison en feu et qui, se figurant qu'on veut les jeter dans les flammes, emploient toutes leurs forces à lutter contre ceux qui veulent les sauver.

Les hommes ne veulent pas renoncer à l'idée de la mort parce qu'ils la redoutent ; par crainte des souffrances, ils se torturent eux-mêmes et se privent du seul bien et de la seule vie qui leur soient propres.

CHAPITRE XXVII

La crainte de la mort n'est que la conscience de la contradiction de la vie qui n'est pas encore résolue.

« Il n'y a pas de mort », dit aux hommes la Voix de la vérité. « Je suis la résurrection et la « vie ; celui qui croit en Moi, encore qu'il soit « mort, vivra. Et quiconque vit et croit en « Moi, ne mourra pas. Crois-tu cela ? »

« Il n'y a pas de mort », ont dit tous les grands sages du monde, et c'est ce que disent et confirment par leur vie des millions d'hommes qui ont compris le sens de la vie. C'est également ce que tout homme vivant sent dans son âme, dans les moments de lucidité de la conscience. Mais les hommes qui ne comprennent pas la vie, ne peuvent s'empêcher de craindre la mort. Ils la voient et ils y croient.

« Comment, il n'y a pas de mort? » s'écrient ces hommes avec indignation et colère, — « c'est un sophisme! La mort est devant nous; elle a fauché des millions d'hommes et nous fauchera aussi. Vous avez beau dire qu'elle n'existe pas, elle demeurera cependant, la voici! » Et ils voient ce dont ils parlent, comme l'aliéné voit le fantôme qui l'effraie. Il ne peut pas toucher ce fantôme, qui ne l'a encore jamais effleuré; il ne sait rien de ses intentions; mais il a tellement peur et souffre à un tel point de cette vision imaginaire, qu'il est privé de la possibilité de vivre. N'en est-il pas de même de la mort?

L'homme ne connaît pas sa mort et ne peut jamais la connaître; elle ne l'a jamais touché et il ignore quelles sont ses intentions. Que craint-il donc?

« Elle ne m'a jamais saisi jusqu'à présent, mais elle me saisira un jour et m'anéantira, j'en suis sûr. C'est une perspective épouvantable », disent les hommes qui ne comprennent point la vie.

Si les hommes qui ont cette fausse idée de la vie étaient capables de raisonner avec calme et d'une manière sensée, ils devraient, en se basant sur leur conception même de la vie, en conclure qu'il n'y a rien de désagréable ni de terrible dans l'idée que l'existence charnelle subira le même changement que nous voyons s'accomplir sans cesse dans tous les êtres, et que nous nommons la mort.

Je mourrai. Qu'y a-t-il là de terrible? Que de modifications se sont accomplies et s'accomplissent dans mon existence charnelle sans provoquer en moi de frayeur? Pourquoi craindrai-je une modification qui n'est pas encore survenue, et qui non seulement ne répugne pas à ma raison et à mon expérience, mais est si compréhensible, si familière et si naturelle à mes yeux, que pendant le cours de mon existence j'ai constamment formé et je forme encore des combinaisons, où la mort des animaux et des hommes mêmes est envisagée comme une condition indispensable et sou-

vent heureuse de ma vie. Qu'y a-t-il donc là
de si effrayant?

Il n'y a que deux manières strictement logiques d'envisager les phénomènes de la vie :
l'une basée sur l'idée de la vie assimilée aux
phénomènes visibles qui s'accomplissent dans
notre corps depuis la naissance jusqu'à la
mort ; l'autre basée sur l'idée de la vie
assimilée à la conscience invisible et intime
que nous avons de la vie. L'un de ces
points de vue est erroné, l'autre vrai,
mais tous les deux peuvent être des points de
départ de raisonnements logiques sur les
phénomènes de la vie, et les hommes peuvent
admettre celui qui leur convient. L'un et l'autre excluent également l'horreur de la mort.

Le premier de ces points de vue, celui qui
assimile la vie aux phénomènes visibles qui s'accomplissent dans le corps depuis la naissance
jusqu'à la mort, est aussi ancien que le monde.
Ce n'est point, comme beaucoup le pensent,
une nouvelle conception de la vie qu'ont éla-
borée la science matérialiste et la philosophie
de notre époque ; la science et la philosophie

contemporaines n'ont fait que pousser l'opinion
commune jusqu'à ses dernières limites, en prou-
vant d'une manière plus évidente qu'auparavant, combien il est impossible de concilier
cette conception avec les exigences fondamen-
tales de la nature humaine ; mais c'est là une
conception antique, primitive, commune aux
hommes qui sont placés tout au bas de l'échelle
du développement. Elle se rencontre chez les
Chinois, chez les bouddhistes, chez les juifs.
Elle est exprimée dans le livre de Job et dans
la sentence : « Tu es poussière et tu retourneras
en poussière. »

Sous sa forme actuelle cette conception
peut être formulée ainsi : la vie est le jeu fortuit des forces de la matière, qui se manifeste
dans l'étendue et la durée. Quant à ce que nous
nommons notre conscience, ce n'est point la
vie, et c'est seulement une certaine illusion des
sens qui nous fait croire que la vie réside dans
cette conscience. La conscience est une étincelle qui s'allume dans la matière, quand celle-
ci se trouve dans de certaines conditions. Cette
étincelle s'enflamme, brûle, puis diminue et

finit par s'éteindre tout à fait. Cette étincelle, c'est-à-dire la conscience ressentie par la matière pendant un laps de temps déterminé entre deux éternités, n'est rien. Et quoique la conscience se voie elle-même et tout le monde infini, et soumette à son jugement elle-même et le monde infini, bien qu'elle voie tout le jeu des éventualités de ce monde, bien qu'elle appelle, et c'est là le point capital, ce jeu un jeu fortuit, par opposition à quelque chose qui ne l'est pas, cette conscience n'est elle-même qu'un produit de la matière inanimée, un fantôme qui apparaît et disparaît sans laisser de trace, une apparition insignifiante. Tout cela est le produit de la matière modifiée à l'infini ; et ce que l'on nomme vie n'est qu'un certain état de la matière inanimée.

C'est là une des conceptions de la vie. Cette conception est le produit de raisonnements parfaitement logiques. Suivant elle, la conscience réfléchie de l'homme n'est qu'un accident qui accompagne un certain état de la matière ; par conséquent, ce que dans notre conscience nous nommons la vie, n'est qu'un

fantôme. Ce qui est inanimé existe seul. Ce
que nous nommons la vie est un jeu de la mort.
D'après cette conception de la vie, ce n'est pas
la mort qui doit être horrible, mais la vie,
parce qu'elle est quelque chose d'anormal,
d'irrationnel, et c'est ce que nous voyons dans
les doctrines des bouddhistes et des pessimistes modernes, Schopenhauer et Hartmann.

L'autre conception de la vie est la suivante :
La vie n'est que ce que je sens en moi-même.
Or, j'ai toujours conscience de ma vie, non
point comme d'une vie passée ou future (c'est
ainsi que je raisonne sur ma vie), mais j'ai
conscience de ma vie comme d'une vie présente, qui ne commence et ne finit jamais, et
nulle part. L'idée de temps et d'espace n'est
point liée à la conscience que j'ai de ma vie.
Elle se manifeste dans le temps et l'espace,
mais ce n'est qu'une manifestation. La vie
dont j'ai conscience, je la conçois en dehors du
temps et de l'espace. De sorte que ce point de
vue est tout l'opposé du précédent : ce n'est
point la conscience de la vie qui est un fantôme, mais, au contraire, est illusoire tout ce qui

est limité dans le temps et l'espace. Partant, suivant ce point de vue, la cessation dans l'espace et dans le temps de l'existence corporelle n'a rien de réel et est incapable non seulement d'interrompre, mais de troubler ma vraie vie. Donc, suivant cette conception, la mort n'existe pas.

Ni dans l'une, ni dans l'autre de ces conceptions de la vie, la terreur de la mort ne pourrait subsister, si les hommes s'en tenaient rigoureusement à l'une ou à l'autre.

L'homme ne peut craindre la mort ni en tant qu'animal, ni en tant qu'être raisonnable; l'animal, n'ayant pas conscience de la vie, ne voit pas la mort; l'être raisonnable, ayant conscience de la vie, ne peut voir dans la mort de l'animal autre chose qu'une évolution naturelle et ininterrompue de la matière. Ce que l'homme craint, ce n'est pas la mort qu'il ne connaît pas, mais la vie que son être animal et son être raisonnable connaissent seule. Ce sentiment, qui se traduit chez les hommes par la crainte de la mort, n'est que la conscience de la contradiction intrinsèque de la vie, de même que la terreur des fantômes n'est que la conscience d'un état maladif de l'âme.

« Je cesserai d'être, je mourrai, tout ce qui constitue ma vie mourra », dit à l'homme une voix. « Je suis, dit l'autre voix, et je ne puis, ni ne dois mourir. »

« Je ne dois pas mourir, et je meurs. »

Ce n'est pas dans la mort, mais dans cette contradiction que réside la cause de cet effroi qui s'empare de l'homme à l'idée de sa mort charnelle ; la terreur de la mort ne provient pas de ce que l'homme craint la cessation de l'existence de son animal, mais de ce qu'il lui semble, que ce qui ne peut ni ne doit mourir, meurt. Penser à la mort future, c'est reporter dans l'avenir l'idée de la mort qui a lieu dans le présent. La vision de la mort charnelle à venir n'est pas le réveil de l'idée de la mort, mais au contraire le réveil de l'idée de la vie que l'homme devrait avoir, mais qu'il n'a pas. C'est un sentiment semblable à celui qu'éprouverait un homme qui reviendrait à la vie dans son cercueil, sous terre. « La vie existe, dirait-il, et je suis dans la mort : voilà la mort! » Il semble que ce qui est et doit être, s'anéantit. Et l'esprit humain s'égare et est frappé d'épouvante. La meilleure preuve que la crainte de la mort n'est pas en réalité la crainte de la mort, mais celle de la fausse vie, c'est que les hommes se tuent souvent par crainte de la mort.

Si les hommes s'épouvantent à l'idée de la mort charnelle, ce n'est point qu'ils craignent que leur vie finisse avec elle; mais c'est que la mort charnelle leur montre clairement la nécessité de la vraie vie qu'ils ne possèdent pas. Voilà pourquoi les hommes qui ne comprennent pas la vie, n'aiment pas penser à la mort. Pour eux, penser à la mort c'est reconnaître qu'ils ne vivent pas comme l'exige leur conscience réfléchie. Les hommes qui craignent la mort ne la craignent que parce qu'ils se la représentent comme le néant et les ténèbres; mais ils ne voient le néant et les ténèbres que parce qu'ils ne voient pas la vie.

CHAPITRE XXVIII

La mort charnelle détruit le corps limité dans l'espace et la conscience limitée dans le temps, mais ne peut détruire ce qui forme l'essence même de la vie, le rapport particulier de chaque être avec le monde.

Si les hommes qui ne voient pas la vie voulaient s'approcher de ces fantômes qui les effraient et les toucher, ils verraient que ce ne sont que des fantômes et non la réalité.

La terreur de la mort provient toujours de ce que l'homme craint de perdre, à sa mort charnelle, son propre moi, ce moi particulier qui forme sa vie. Je mourrai, mon corps se décomposera et mon moi sera anéanti. Mon moi! le seul que je connaisse, celui qui a vécu dans mon corps pendant un certain nombre d'années.

Les hommes font grand cas de ce moi, et, comme ils supposent que ce moi coïncide avec leur vie charnelle, ils en concluent qu'il doit être détruit en même temps que cette vie. C'est la conclusion la plus ordinaire, et il est rare qu'on s'avise d'en douter ; cependant elle est purement arbitraire.

Les hommes, ceux qui se croient matérialistes, de même que ceux qui se croient spiritualistes, sont tellement habitués à considérer leur moi comme la conscience de leur corps, qui a vécu un certain nombre d'années, qu'il ne leur vient même pas à l'esprit de vérifier la justesse de cette assertion.

J'ai vécu 59 ans, et pendant tout ce temps j'ai eu conscience de moi-même dans mon corps, et il me semble que c'est précisément cette conscience de moi-même qui a été ma vie. Et pourtant ce n'est qu'une illusion. Je n'ai vécu ni 59 ans, ni 59,000 ans, ni 59 secondes. Ni mon corps, ni la durée de son existence ne peuvent en aucune manière déterminer la vie de mon moi. A n'importe quel instant de la vie, si je me demande en

moi-même : « Que suis-je ? », je répondrai :
« Quelque chose de sentant et de pensant, »
c'est-à-dire quelque chose en relation avec le
monde d'une manière qui m'est toute particulière. C'est cela seul que je reconnais pour mon
moi, et rien de plus. Pour ce qui est de savoir
quand et où je suis né, quand et où j'ai commencé à sentir et à penser comme je sens et
je pense actuellement, je n'en ai pas du tout
conscience. Ma conscience me dit seulement :
J'existe et je suis en rapport avec le monde où
je me trouve maintenant. Pour ce qui est de
ma naissance, de mon enfance, des nombreuses périodes de ma jeunesse, de l'âge
mur et même d'une époque récente, il m'arrive souvent de ne pas m'en souvenir. Et
même, si j'ai quelque réminiscence de mon
passé ou si l'on m'en fait souvenir, je me le
rappelle ou je m'en souviens à peu près
comme de ce qu'on me raconterait au sujet
d'autres personnes. Ainsi, de quel droit pourrai-je affirmer que, pendant toute la durée de
mon existence, je n'ai été qu'un moi unique ?
Mon corps n'est pas unique et ne l'a jamais

été : mon corps a toujours été et est encore
une portion de matière instable que traverse
quelque chose d'immatériel et d'invisible, qui
reconnaît pour son corps cette matière instable.
Mon corps tout entier s'est modifié une dizaine
de fois ; tout en lui s'est renouvelé : et les
muscles, et les intestins, et les os, et le cerveau, tout s'est transformé.

Mon corps n'est un que parce qu'il existe
quelque chose d'immatériel qui reconnaît
comme sa propriété exclusive tout ce corps qui
se modifie. C'est ce principe immatériel que
nous nommons conscience : elle seule maintient l'unité du corps et le reconnaît comme
sa propriété. Si je n'avais pas la conscience
que je suis un être distinct de tout le reste
du monde, je ne saurais jamais rien de ma
vie, ni de toute autre vie. C'est pourquoi il
me semble à première vue que la base de
tout, c'est-à-dire la conscience, devrait être
constante. Mais cela n'est vrai pas non plus : la
conscience n'est pas constante. Pendant toute
la vie et maintenant encore, nous voyons
se reproduire le phénomène du sommeil, qui

ne nous semble si simple que parce que nous dormons tous chaque jour, mais qui est absolument incompréhensible dès que nous admettons (ce qu'il est impossible de ne pas admettre) que durant le sommeil la conscience s'arrête presque entièrement.

Tous les jours, au plus fort du sommeil, la conscience s'arrête entièrement, puis recommence à fonctionner. Et cependant cette conscience est l'unique principe qui maintient l'unité de tout le corps et le reconnaît comme sien. Il semble que, lorsque la conscience s'arrête, le corps devrait aussi se dissoudre et perdre son état distinct ; mais cela n'a lieu ni dans le sommeil naturel, ni dans le sommeil artificiel.

Bien plus, non seulement la conscience qui maintient l'unité du corps, disparaît périodiquement sans que le corps se dissolve, mais encore elle se modifie comme le corps. De même qu'il n'y a rien de commun entre la substance de mon corps tel qu'il était il y a dix ans et tel qu'il est à présent, de même qu'il y a eu plus d'un corps dans l'objet qu'à présent j'appelle mon corps, il y a eu aussi en moi plus d'une conscience. Ma conscience quand j'étais un enfant de trois ans et celle d'à présent sont aussi différentes l'une de l'autre que la matière de mon corps à présent et il y a 30 ans. Il n'y a pas de conscience unique, mais il y a une série de consciences successives qu'on peut fractionner à l'infini.

Par conséquent, cette conscience qui maintient l'unité du corps et le reconnaît comme sien, n'est pas quelque chose d'unique, mais quelque chose d'interrompu et de changeant. De même que l'homme n'a pas un corps unique, de même il n'a pas en lui-même une conscience unique comme nous nous le figurons ordinairement. L'homme ne possède ni un corps immuable, ni une conscience unique qui distingue son corps de tout autre ; il n'y a pas de conscience unique pendant toute la vie d'un seul homme, mais il y a une série de consciences successives reliées entre elles par quelque chose ; et pourtant l'homme a conscience de lui-même.

Notre corps n'est pas unique, et ce qui

reconnaît ce corps changeant comme distinct et nous appartenant, n'est pas continu dans la durée : ce n'est qu'une série de consciences qui se transforment, et bien des fois déjà nous avons perdu et notre corps et ces consciences ; nous perdons constamment notre corps, nous perdons aussi notre conscience chaque jour quand nous nous endormons ; chaque jour, à chaque heure, nous sentons en nous les modifications de cette conscience sans en éprouver la moindre crainte.

Ainsi donc, s'il existe un moi quelconque que nous craignions de perdre à la mort, ce moi ne doit résider ni dans ce corps que nous appelons notre corps, ni dans cette conscience que nous appelons notre conscience dans le moment présent, mais il doit être dans ce qui unit en un tout la série entière des consciences successives. Mais quel est donc ce principe qui unit toutes les consciences qui se succèdent dans la durée ? Qu'est-ce donc que ce moi essentiel et particulier qui ne se compose pas de l'existence de mon corps et de la série des consciences qui y apparaissent, ce moi principal sur lequel viennent s'enfiler l'une après l'autre, comme sur une broche, les diverses consciences qui se succèdent dans la durée ? La question paraît très obscure et très difficile à résoudre, et pourtant il n'y a pas d'enfant qui ne soit en état d'y répondre, et qui ne le fasse vingt fois par jour. « Moi, j'aime ceci, mais je n'aime pas cela. »

Ces paroles sont bien simples, et pourtant elles résolvent la question de savoir quel est ce moi particulier qui relie toutes les consciences. C'est ce moi qui aime ceci, mais n'aime point cela. Pourquoi aime-t-on ceci et n'aime-t-on point cela, personne ne le sait, et c'est précisément ce qui constitue le fond de la vie de tout homme, ce qui unit en un tout tous les divers états successifs de la conscience de chaque homme. Le monde extérieur agit de la même manière sur tous les hommes. Mais ils ont beau se trouver dans des conditions absolument identiques, leurs impressions varient à l'infini, aussi bien par leur nombre et leur qualité que par leur intensité. C'est de ces impressions que se compose la série des consciences successives de chaque homme. Mais toutes ces consciences successives s'unissent seulement parce que toujours les mêmes impressions agissent, tandis que d'autres n'agissent pas sur la conscience du même homme. La raison pour laquelle certaines impressions agissent ou n'agissent pas sur le même homme se trouve uniquement dans la disposition de cet homme à aimer plus ou moins ceci ou cela.

C'est seulement par suite de ce degré plus ou moins grand d'estime pour certaines choses, que se forme dans l'homme une certaine série de consciences et point une autre. C'est uniquement dans la faculté d'aimer plus ou moins une chose et de ne pas en aimer une autre que consiste ce moi particulier et essentiel de l'homme, ce moi dans lequel viennent se grouper toutes les consciences disséminées et interrompues. Et cette faculté d'aimer plus ceci et moins cela, quoiqu'elle se développe durant notre vie, ne commence pas avec elle, mais nous a été transmise dans cette vie déjà toute formée par un passé invisible et inconnu.

Cette disposition particulière de l'homme à

aimer plus ou moins une chose et à ne pas en aimer une autre, s'appelle ordinairement le caractère. Sous cette dénomination on comprend souvent les différentes particularités de chaque homme qui résultent de certaines conditions de lieu et de temps. Mais c'est faux. La disposition essentielle de l'homme à aimer plus ou moins une chose et à ne pas en aimer une autre ne dépend pas des conditions de temps et d'espace ; bien au contraire, si les conditions de temps et d'espace ont plus ou moins d'influence sur l'homme, c'est seulement parce que celui-ci, en entrant dans le monde, possède déjà un penchant bien déterminé qui le porte à aimer ceci et à ne pas aimer cela. Voilà pourquoi des hommes nés et élevés dans des conditions de temps et d'espace entièrement identiques, présentent souvent le plus grand contraste dans l'intimité de leur moi.

Le lien qui unit toutes les consciences éparses, lesquelles unissent à leur tour notre corps, est quelque chose de bien déterminé, quoique indépendant des conditions de temps et d'espace ; nous l'apportons avec nous dans

le monde d'une région étrangère au temps et à
l'espace, et ce quelque chose, qui consiste dans
un certain rapport exclusif de mon être avec le
monde, est mon seul moi véritable et réel. Je
ne me connais moi-même que comme certain
rapport exclusif avec le monde et si je connais
les autres hommes, ce n'est qu'en les considérant comme des rapports particuliers avec
le monde. Aucun de nous, quand il désire entrer en communication intime avec
les hommes, ne se laisse guider par des
signes extérieurs, mais s'efforce de péné-
trer dans leur for intérieur, c'est-à-dire de
connaître quel est leur rapport avec le monde,
ce qu'ils aiment ou n'aiment pas et à quel
degré.

Si je connais chaque animal distinct : le
cheval, le chien, la vache, si j'entre avec eux
en communication, ce n'est pas au moyen des
signes extérieurs, mais en examinant le rapport particulier de chacun d'eux avec le monde,
ce que chacun d'eux aime ou n'aime pas et
à quel degré. Si je connais les différentes es-
pèces d'animaux, ce n'est pas tant, à vrai dire,

par leurs signes extérieurs, que parce que chacun (le lion, le poisson, l'araignée) présente
un rapport particulier avec le monde commun
à tous les êtres de la même espèce. Tous les
lions en général aiment une chose, tous les
poissons une autre, toutes les araignées une
troisième ; c'est uniquement parce qu'ils aiment
différentes choses qu'ils se divisent dans mon
esprit en êtres vivants, distincts.

Mais, de ce que je ne distingue pas le rapport
spécial avec le monde de chacun de ces êtres
de la même espèce, cela ne prouve point que
ce rapport particulier avec le monde n'existe
pas, mais seulement que la vie d'une araignée
distincte est tellement éloignée du rapport
avec le monde dans lequel je me trouve, que
je n'ai encore pu le comprendre, comme Silvio
Pellico comprenait son araignée distincte.

La base de toute la connaissance que j'ai de
moi-même et du monde entier, c'est ce rapport
particulier avec le monde où je me trouve, qui
me fait voir d'autres êtres qui se trouvent également dans un rapport particulier avec le
monde. Mais mon rapport avec le monde ne

s'est pas établi dans cette vie et n'a commencé ni avec mon corps, ni avec la série des consciences qui se sont succédé dans la durée, mais leur est antérieur.

Par conséquent, mon corps qui est uni en un tout par ma conscience temporaire, peut être détruit, ma conscience temporaire elle-même peut être détruite; mais ce qui ne saurait l'être, c'est mon rapport particulier avec le monde, c'est-à-dire ce qui forme mon moi distinct qui a créé pour moi tout ce qui existe. Il ne peut être détruit, parce qu'il existe seul. S'il n'existait pas, je ne connaîtrais ni la série de mes consciences successives, ni mon corps, ni ma vie, ni tout autre vie. Par conséquent, la destruction du corps et de la conscience ne peut être l'indice de l'anéantissement de mon rapport particulier avec le monde, rapport qui n'a pas commencé et n'a pas surgi dans cette vie.

CHAPITRE XXIX

La crainte de la mort provient de ce que les hommes
par leur fausse conception de la vie, l'ayant restreinte,
envisagent une parcelle de la vie comme la vie entière.

Nous craignons de perdre à notre mort charnelle notre moi particulier, qui unit en un tout
et le corps et la série des consciences, qui se
manifestent dans la durée; et cependant ce
moi particulier n'a pas commencé à la naissance; partant la cessation d'une certaine conscience temporaire ne saurait anéantir ce qui
unit toutes les consciences temporaires.

La mort charnelle détruit effectivement ce
qui maintient l'unité du corps, c'est-à-dire la
conscience de la vie temporaire. Mais cela n'a-
t-il pas lieu chaque jour quand nous nous

endormons? Toute la question est de savoir si
la mort charnelle anéantit ce qui unit en un
tout toutes les consciences successives, c'est-
à-dire mon rapport particulier avec le monde.
Avant de se décider pour l'affirmative, il faut
d'abord prouver que ce rapport particulier
avec le monde, qui unit toutes les consciences
successives, est né avec mon existence charnelle, partant mourra avec elle. Et c'est ce
qu'il est impossible de faire.

En prenant ma conscience pour base de mon
raisonnement, je vois que ce qui unit toutes
mes consciences, c'est-à-dire une certaine
sympathie pour une chose, de la froideur pour
une autre, ce qui fait qu'une chose reste en
moi et qu'un autre disparaît, le degré de
mon amour pour le bien, de ma haine pour le
mal, je vois, dis-je, que ce rapport particulier
avec le monde qui forme précisément mon
moi, mon moi particulier, n'est pas le produit
de quelque cause externe, mais la cause fondamentale de tous les autres phénomènes de ma
vie.

En prenant pour base de mon raisonnement

l'observation, il me semble de prime abord, il est vrai, que les causes du caractère distinctif de mon moi résident dans le caractère distinctif de mes parents et dans les conditions qui ont influé sur moi et sur eux. Mais en continuant à raisonner de la sorte, je ne puis m'empêcher de voir que si mon moi particulier réside dans le caractère distinctif de mes parents et dans les conditions qui ont influé sur eux, il réside aussi dans le caractère distinctif de tous mes ancêtres et dans les conditions qui ont influé sur leur existence, et ainsi de suite à l'infini, c'est-à-dire en dehors du temps et de l'espace; de sorte que mon moi particulier a surgi en dehors du temps et de l'espace, et c'est précisément ce dont j'ai conscience.

C'est uniquement sur cette base, en dehors du temps et de l'espace, sur cette base de mon rapport particulier avec le monde qui unit toutes les consciences dont j'ai souvenir et celles qui ont précédé la vie dont je me souviens, (comme le dit Platon, et comme nous le sentons tous en nous-mêmes), c'est sur cette

base, dis-je, dans mon rapport particulier avec
le monde, que consiste le moi particulier dont
nous craignons la destruction à notre mort
charnelle.

Mais il suffit de comprendre que ce qui unit
toutes les consciences, ce qui forme le moi
distinct de chaque homme, se trouve en dehors de la durée, existe et a toujours existé ; il
suffit de comprendre que ce qui peut être interrompu, c'est uniquement la série des consciences qui se sont succédé dans un temps
donné, pour que l'on voie clairement que l'a-
néantissement de la dernière conscience dans
l'ordre chronologique, lors de la mort charnelle, est aussi impuissante à anéantir le vrai
moi humain que le sommeil quotidien. Il n'y a
pas un seul homme qui craigne de se livrer au
sommeil, quoique dans le sommeil ait lieu le
même phénomène que dans la mort : l'arrêt
de la conscience dans la durée. L'homme ne
craint pas de se livrer au sommeil, bien que dans
le sommeil la conscience soit complètement interrompue comme dans la mort ; et s'il n'é-
prouve pas de crainte, cela ne vient pas de ce

qu'il a la conviction qu'il se réveillera de nouveau, de même qu'il s'est endormi et réveillé auparavant (ce raisonnement est faux, car il pourrait s'endormir mille fois et ne pas se réveiller à la mille et unième) ; jamais on ne raisonne de la sorte, et ce raisonnement ne pourrait nous rassurer ; mais l'homme sait que son vrai moi vit en dehors de la durée, et partant que l'arrêt de sa conscience qui se manifeste dans la durée ne peut troubler sa vie.

Si l'homme pouvait s'endormir pour mille ans, comme dans les contes de fées, il s'endormirait aussi tranquillement que pour deux heures. Pour la conscience de la vie non temporelle, de la vraie vie, un arrêt d'un million d'années ou un arrêt de huit heures sont la même chose, parce que cette vie est en dehors de la durée.

« La destruction du corps entraîne celle de la conscience d'aujourd'hui. »

Mais il serait temps que l'homme s'habituât aux modifications de son corps et aux changements successifs des consciences temporaires. En effet, ces changements ont commencé de-

puis que l'homme a conscience de lui-même,
et ont eu lieu sans interruption. L'homme ne
craint pas les modifications qui ont lieu dans
son corps, et non seulement il ne s'en effraie
pas, mais très souvent il en désire l'accéléra-
tion ; il désire croître, atteindre l'âge viril, il
désire la guérison de sa plaie. L'homme n'était
qu'une masse de chair rouge, et sa conscience
se réduisait aux appétits de son ventre ; maintenant c'est un homme barbu et raisonnable, ou
une femme aimant ses enfants. Le corps et la
conscience se sont entièrement modifiés, et
l'homme ne s'est pas effrayé des modifications
qui l'ont amené à l'état actuel, au contraire
il les a le plus souvent désirées. Qu'y a-t-il
donc de terrible dans la modification qui doit
avoir lieu à l'arrivée de la mort ?

La destruction ? Mais ce qui préside à ces
modifications, ce rapport particulier avec le
monde, ce en quoi consiste la conscience de la
vraie vie, a commencé non pas à la naissance
du corps, mais en dehors du corps et de la
durée. Par conséquent, comment une modification dans l'espace et dans le temps pourrait-

elle détruire ce qui est hors du temps et de l'espace ?

L'homme fixe ses regards sur une parcelle minuscule de sa vie, il ne veut pas voir sa vie tout entière et tremble à l'idée de perdre de vue cette parcelle infinie qu'il chérit. Cela rappelle l'histoire de ce fou qui se figurait être en verre. Un jour qu'on le fit tomber, il s'écria : « dzin ! » et mourut aussitôt. Pour posséder la vie, l'homme doit la prendre tout entière et non point cette petite partie qui se manifeste dans le temps et l'espace. Celui qui prendra toute la vie recevra davantage, mais celui qui n'en prendra qu'une partie, se verra privé de ce qu'il a.

CHAPITRE XXX

La vie est un rapport avec le monde. Le mouvement de la vie est l'établissement d'un nouveau rapport plus élevé, la mort n'est que le commencement d'un nouveau rapport.

Nous ne pouvons concevoir la vie autrement que comme un certain rapport avec le monde ; c'est ainsi que nous la concevons en nous-mêmes et dans les autres êtres.

Mais, en nous-mêmes, nous concevons la vie non seulement comme un rapport définitif avec le monde, mais encore comme l'établissement d'un nouveau rapport, au moyen de la soumission croissante de l'individualité animale à la raison et de la manifestation d'un amour de plus en plus grand. La destruction inévitable de l'existence charnelle que nous observons sur nous-mêmes, nous montre que notre rapport avec le monde n'est pas constant, mais que nous sommes obligés d'en établir un autre. L'établissement de ce nouveau rapport, c'est-à-dire le mouvement de la vie, détruit l'idée de la mort.

La mort ne peut apparaître qu'à celui qui, n'ayant pas reconnu sa vie dans l'établissement d'un rapport rationnel avec le monde, rapport qui se manifeste par un amour de plus en plus grand, n'a rien changé à son premier rapport, c'est-à-dire en est resté au même degré d'amour pour l'un et d'aversion pour l'autre, où il se trouvait à son entrée dans l'existence.

La vie est un mouvement incessant. L'homme qui ne change rien à son rapport avec le monde, c'est-à-dire reste au même degré d'amour qu'à son entrée dans la vie, sent l'arrêt de la vie, et la mort lui apparaît. Il n'y a qu'un tel homme qui puisse voir la mort et en être effrayé. Toute son existence n'est qu'une mort continue. Il voit la mort et s'en effraye non

seulement dans l'avenir, mais aussi dans
le présent, chaque fois que se manifeste la
décadence de la vie animale, depuis l'enfance jusqu'à la vieillesse. En effet, la marche de l'existence, depuis l'enfance jusqu'à
l'âge mûr, semble un accroissement temporaire des forces physiques. Mais, en réalité,
les membres ne font que s'endurcir, la sou-
plesse et la vitalité du corps vont en dimi-
nuant, et cela sans interruption, depuis la
naissance jusqu'à la mort. L'homme a constamment la mort devant les yeux, et rien ne
peut le soustraire à cette idée. De jour en jour,
d'heure en heure, sa situation ne fait qu'em-
pirer, et rien ne peut l'améliorer. Il ne considère son rapport particulier avec le monde,
c'est-à-dire son amour pour l'un et son aversion pour l'autre, que comme une des conditions de son existence; tandis que l'affaire
importante de sa vie, l'établissement d'un
nouveau rapport avec le monde, l'accroissement de l'amour, lui semble sans utilité aucune. Toute sa vie se passe en vains efforts
pour éviter l'inévitable décadence de la vie,

pour échapper à la caducité, à la décrépitude et à la mort.

Tel n'est pas le cas de l'homme qui comprend le sens de la vie. Cet homme sait qu'il a apporté dans sa vie présente, d'un passé qui lui est inconnu, son rapport particulier avec le monde, c'est-à-dire son amour pour une chose, son aversion pour l'autre. Il sait que cet amour pour une chose, cette aversion pour l'autre, qu'il a apportés avec lui dans son existence actuelle, forment l'essence même de sa vie ; il sait que ce n'est pas une particularité accidentelle de sa vie, mais qu'en cela seul réside le mouvement de la vie, et c'est uniquement dans ce mouvement, c'est-à-dire dans l'accroissement de l'amour, qu'il place sa vie.

S'il considère son passé dans cette vie, il voit, en se souvenant de ses consciences successives, que son rapport avec le monde s'est modifié, que la soumission à la loi de la raison s'est accrue, que la force et l'étendue de l'amour n'ont cessé d'augmenter, en lui procurant un bien de plus en plus grand, indépen-

damment et quelquefois même en raison
inverse de la décadence de l'existence individuelle. Cet homme, qui a reçu sa vie d'un passé
inconnu et qui a conscience de son accroissement constant et ininterrompu, la reporte non
seulement avec calme, mais avec joie, dans un
avenir invisible.

On dit : la maladie, la vieillesse, la caducité,
le retour à l'enfance détruisent la conscience
et la vie de l'homme. De quel homme? Je me
représente, d'après les traditions, saint Jean
l'Évangéliste, tombé en enfance par suite de
son grand âge. Il ne prononçait que ces paroles : « Frères, aimez-vous les uns les autres.»
Ce vieillard centenaire, pouvant à peine se
mouvoir, les yeux pleins de larmes, ne balbutie
que ces trois mots : « Aimez-vous les uns les
autres! » Chez un tel homme, l'existence animale ne jette plus qu'une faible lueur, elle a
été absorbée tout entière par un nouveau
rapport avec le monde, par un nouvel être vivant, qui est déjà à l'étroit dans l'existence de
l'homme charnel.

Pour l'homme qui voit sa vie là où elle est

véritablement, s'affliger de voir cette vie diminuer par suite des maladies et de la vieillesse, c'est comme si l'on s'affligeait de voir son ombre diminuer à mesure qu'on s'approche de la lumière. Croire que la destruction du corps peut amener la cessation de la vie, c'est s'imaginer que la disparition de l'ombre d'un objet, dès qu'il se trouve en pleine lumière, est un signe certain de sa destruction. Une telle conclusion ne peut être admise que par celui qui a si longtemps regardé l'ombre qu'il a fini par la prendre pour l'objet lui-même.

Aux yeux de l'homme qui a connaissance de lui-même, non point par le reflet de l'existence limitée dans le temps et dans l'espace, mais par l'accroissement de son rapport d'amour avec le monde, — aux yeux de cet homme, dis-je, la disparition des conditions de temps et d'espace n'est que l'indice d'un plus haut degré de lumière. Il est aussi impossible à l'homme qui envisage sa vie comme un rapport particulier avec le monde, qu'il a apporté avec lui en entrant dans l'existence et qui s'est développé durant sa vie par l'accroissement de l'amour, — il est aussi im-

possible à cet homme, dis-je, de croire à sa
destruction, qu'il est impossible, à celui qui
connaît les lois extérieures et visibles du
monde, de croire que sa mère l'a trouvé sous
une feuille de chou, que son corps s'envolera
tout à coup on ne sait où, et qu'il n'en restera
rien.

CHAPITRE XXXI

La vie des hommes morts ne cesse pas de se manifester
dans ce monde.

Mon ami, mon frère a vécu de la même vie
que moi, et maintenant il a cessé de vivre de
cette vie. Sa vie était sa conscience, et elle
était soumise aux conditions de son existence
corporelle ; par conséquent, sa conscience ne
peut|plus se manifester dans l'espace et dans le
temps, — il n'existe plus pour moi. Mon frère
a existé, j'ai été en communication avec lui,
maintenant il n'est plus, et je ne saurai jamais
où il est. « Tout lien est brisé entre lui et nous.
Il n'existe plus pour nous, de même que nous
n'existerons plus pour ceux qui resteront.
Qu'est-ce donc, sinon la mort ? »

20

C'est ainsi que parlent les hommes qui ne comprennent point la vie ; ils voient dans la cessation des rapports extérieurs la preuve la plus irréfutable de la réalité de la mort. Et pourtant il n'y a rien qui soit plus propre à dissiper sans retour l'illusion de l'idée de la mort que le raisonnement qui se présente de lui-même, à la cessation de l'existence charnelle de nos proches.

Mon frère est mort. Que s'est-il donc passé ? Voici ce qui est arrivé : la manifestation de son rapport avec le monde, que je pouvais observer dans l'espace et le temps, a disparu à mes regards sans laisser de traces.

« Il n'en est pas resté de traces », c'est ce que pourrait dire la larve, le cocon, avant l'éclosion du papillon, en voyant que le cocon voisin est demeuré vide. Mais le cocon serait en droit de parler de la sorte, s'il était capable de penser et de parler, parce que, après avoir perdu son voisin, il ne pourrait en effet sentir que celui-ci existe. Ce n'est pas le cas pour l'homme. Mon frère est mort ; son cocon, à la vérité, est resté vide ; je ne le vois plus sous la forme que je lui connaissais jusqu'à ce jour, mais sa disparition apparente n'a pas détruit mon rapport avec lui. Son souvenir est resté, — comme nous avons coutume de le dire.

Le souvenir que j'ai conservé, n'est pas le souvenir de ses mains, de son visage, de ses yeux, mais celui de son image spirituelle.

Qu'est-ce que ce souvenir ? C'est là une parole qui nous paraît bien simple et bien compréhensible. Les formes des cristaux et des animaux disparaissent et il n'en reste pas de souvenir parmi eux. Mais moi, je me souviens de mon frère. Et ce souvenir est d'autant plus durable que la vie de mon frère a été plus conforme à la loi de la raison, et qu'elle s'est plus manifestée par l'amour. Ce souvenir n'est pas seulement une idée, mais il agit sur moi exactement de la même manière que la vie de mon frère pendant son existence terrestre. Ce souvenir, c'est la même atmosphère invisible et immatérielle qui entourait sa vie et agissait sur moi et sur les autres pendant son existence charnelle, de la même manière qu'elle agit encore sur moi après sa mort. Ce souvenir

exige de moi après sa mort ce qu'il exigeait de
moi durant sa vie. Bien plus, ce souvenir
devient plus obligatoire pour moi après sa
mort qu'il ne l'était pendant sa vie. La force
vitale qui était dans mon frère, loin de dispa-
paraître et de diminuer, n'a fait que subir une
transformation ; elle s'est accrue et agit sur
moi avec plus de force qu'auparavant.

La force de sa vie agit après sa mort charnelle, avec autant d'intensité et même davantage qu'avant sa mort, et elle agit comme tout
ce qui est réellement vivant. Par conséquent,
puisque j'éprouve l'influence de cette force
vitale aussi réellement que je l'éprouvais pendant l'existence charnelle de mon frère (c'est-
à-dire comme le rapport qui l'unissait au
monde et m'expliquait mon propre rapport
avec le monde), de quel droit puis-je affirmer que mon frère défunt ne possède plus
la vie ? Tout ce que je puis dire, c'est qu'il est
sorti du rapport inférieur avec le monde où
je ne me trouve encore ; je ne vois pas le centre
du nouveau rapport avec le monde où il se
trouve à présent, mais je ne puis nier sa vie,

car je sens son action sur moi. Le miroir me
montrait les liens qui m'attachaient à cet
homme : le miroir s'est obscurci. Je n'aperçois
plus les liens qui me rattachent à lui, mais
je sens, de toute la force de mon être, que
ces liens subsistent comme auparavant, partant qu'il existe.

Bien plus, cette vie, invisible pour moi, de
mon frère défunt, agit non seulement sur moi,
mais me pénètre. Son moi particulier, son rapport avec le monde s'identifie avec le mien.
Dans l'établissement de mon rapport avec le
monde, il m'élève pour ainsi dire au degré
qu'il a atteint lui-même, et mon moi particulier distingue plus clairement le degré supérieur auquel il est déjà parvenu ; il est caché à
mes yeux, mais il m'entraîne à sa suite. C'est
ainsi qu'agit sur nous la vie de notre frère
mort de la mort charnelle, et c'est pourquoi
nous ne pouvons douter que cette vie n'a
pas cessé. En observant d'autre part l'action
sur le monde de cette vie disparue à nos yeux,
nous acquerrons une conviction encore plus
intime de sa réalité. L'homme est mort, mais

son rapport avec le monde continue à agir sur les hommes ; son action n'est pas seulement ce qu'elle était pendant la vie, mais, dans un grand nombre de cas, elle est encore plus intense ; elle augmente et grandit comme tout ce qui vit, en proportion de son état de raison et d'amour, sans jamais cesser et sans subir d'interruption.

Il y a longtemps que le Christ est mort ; son existence charnelle a été courte, et nous n'avons pas une idée bien nette de son individualité charnelle ; mais la force de sa vie de raison et d'amour, son rapport avec le monde (et nulle autre cause) exercent encore aujourd'hui leur action sur des millions d'hommes qui acceptent ce rapport et y conforment leur vie. Qu'est-ce qui agit donc ? Quelle est donc cette chose, qui, liée autrefois à l'existence charnelle du Christ, produit la continuation et l'expansion de cette même vie ? Nous disons que ce n'est pas la vie du Christ, mais ses conséquences. Et en prononçant ces paroles qui n'ont aucune signification, nous croyons avoir dit quelque chose de plus clair et de plus précis qu'en disant que cette force est le Christ vivant lui-même. C'est là exactement ce que pourraient dire les fourmis qui creusent autour du gland qui a crû et est devenu chêne ; le gland a crû et est devenu chêne, il perce le sol de ses racines, il laisse tomber des branches, des feuilles, de nouveaux glands, il intercepte la lumière, la pluie et change tout ce qui vivait autour de lui. « Ce n'est pas la vie du gland, diraient les fourmis, mais les conséquences de sa vie, qui a cessé lorsque nous avons traîné le gland et l'avons enfoui dans un trou. »

Mon frère est mort hier ou il y a mille ans, et cette même force vitale, qui agissait durant son existence charnelle, continue à agir encore plus fortement en moi et sur des milliers et des millions d'hommes, quoique le centre visible pour moi de cette force de son existence charnelle dans le temps ait disparu à mes yeux. Qu'est-ce que cela signifie ? J'ai vu la lueur de l'herbe sèche qui brûlait devant moi ; l'herbe s'est éteinte, mais la lueur n'a fait qu'augmenter ; je ne vois point les causes de cette lueur, je ne sais pas ce qui brûle, mais je suis en droit de conclure que le feu qui a incendié cette herbe consume maintenant une forêt éloignée ou quelque chose que je ne puis apercevoir. Mais cette lumière est telle, que non seulement je la vois à présent, mais qu'elle seule me guide et me donne la vie. C'est elle qui me fait vivre. Comment pourrai-je donc en nier l'existence? Je puis penser que la force de cette vie a actuellement un autre centre invisible pour moi. Mais je ne puis en nier l'existence, parce que je la sens et qu'elle me fait vivre. Quel est ce centre, quelle est cette vie en elle-même, je ne puis le savoir; je puis essayer de le deviner si j'aime la divination et si je n'ai pas peur de m'égarer. Mais quand je désire avoir une conception rationnelle de la vie, je me contente de ce qui est clair et indubitable, et je ne cherche pas à gâter ce qui est clair et indubitable, en y ajoutant des conjectures obscures et arbitraires. Il me suffit de savoir que tout ce qui me fait vivre se compose de la vie de tous les hommes qui ont vécu avant moi et qui sont morts depuis longtemps, et partant que l'homme qui accomplit la loi de sa vie, en soumettant son individualité animale à la raison et en manifestant la force de son amour, a vécu et vit dans les autres hommes après la cessation de son existence charnelle, il me suffit de savoir cela, dis-je, pour que l'absurde et terrible préjugé de la mort cesse pour toujours de me tourmenter.

En examinant les hommes qui laissent après eux une force qui continue d'agir, nous pouvons observer pourquoi ces hommes, en soumettant leur individualité à la raison et en se vouant à une vie de charité, n'ont jamais pu douter et n'ont jamais douté de l'impossibilité de la destruction de la vie.

Nous pouvons également trouver dans leur vie le fondement de leur croyance à la non interruption de la vie et ensuite, en approfondissant notre propre vie, nous pouvons trouver aussi ce fondement en nous-mêmes. Le Christ disait qu'il vivrait après la disparition du fantôme de la vie. Il disait cela parce que, pendant son existence charnelle, il était déjà entré dans

cette vraie vie qui ne peut cesser. Il vivait déjà
pendant son existence charnelle au milieu des
rayons de lumière de cet autre centre de vie
vers lequel il s'avançait, et il voyait, pendant sa vie, que les rayons de cette lumière
éclairaient déjà les hommes autour de lui.
C'est ce que voit tout homme qui a renoncé à
son individualité et qui vit d'une vie de raison
et d'amour.

Quelque étroite que soit la sphère d'activité
de l'homme, — que ce soit le Christ, Socrate,
un homme de bien, un inconnu, un vieillard,
un jeune homme, une femme, — s'il vit en renonçant à son individualité pour le bien d'autrui, il entre ici-bas, durant sa vie, dans ce
nouveau rapport avec le monde pour lequel il
n'y a pas de mort, et dont l'établissement est
l'affaire unique de la vie de tous les hommes.

L'homme dont la vie repose sur la soumission à la loi de la raison et sur la manifestation
de l'amour, voit dans cette vie même, d'un
côté les rayons de lumière de ce nouveau
centre de vie vers lequel il se dirige, et de
l'autre l'action que cette lumière, en passant

par lui, exerce sur ceux qui l'entourent ; et cela
lui donne une foi inébranlable dans la stabi-
lité, l'immortalité et l'éternel accroissement
de la vie. La foi dans l'immortalité ne peut
être reçue de personne ; on ne peut se convaincre soi-même de l'immortalité. Pour que
cette foi existe, il faut l'immortalité, et pour
que l'immortalité existe, il faut comprendre ce
qui rend notre vie immortelle. Pour croire à
la vie future il est indispensable d'avoir accompli sa tâche de vie et d'avoir établi en
cette vie ce nouveau rapport avec le monde
que celui-ci ne peut plus contenir.

CHAPITRE XXXII

Le préjugé de la mort provient de ce que l'homme confond ses différents rapports avec le monde.

Oui, pour celui qui comprend le véritable sens de la vie, il devient difficile de comprendre sur quoi repose l'étrange préjugé de la mort.

De même, quand on regarde de près le fantôme qui vous a effrayé dans l'obscurité, il devient difficile de se représenter de nouveau le fantôme dont on avait peur.

La crainte de perdre ce qui seul existe provient uniquement de ce que la vie se présente à l'homme non seulement sous le rapport connu mais invisible de sa conscience réfléchie avec le monde, mais sous deux rapports visibles qui lui sont inconnus : celui de sa conscience animale et celui de son corps. Tout ce qui existe se présente à l'homme sous trois aspects différents, qui sont : 1° le rapport de sa conscience réfléchie avec le monde; 2° le rapport de sa conscience animale avec le monde; et 3° le rapport de la substance de son corps avec le monde. Ne comprenant pas que le rapport de sa conscience réfléchie avec le monde est son unique vie, l'homme se figure que sa vie consiste aussi dans le rapport visible de la conscience animale et de la matière avec le monde, et il craint de perdre ce rapport particulier de la conscience réfléchie, quand le rapport avec le monde de son animal et de la matière qui le compose vient à être troublé dans son individualité.

Il lui semble que lui, son moi, est le produit de l'évolution de la matière arrivée au degré de conscience animale individuelle. Il lui semble que cette conscience animale se transforme en une conscience réfléchie, que celle-ci s'affaiblit dans la suite et redevient animale, enfin que la conscience animale s'affaiblit et retourne à la matière inanimée d'où elle a été tirée.

21.

Grâce à cette manière de voir, le rapport de sa
conscience réfléchie avec le monde lui semble
quelque chose de fortuit, d'inutile et de périssable. La conséquence de cette fausse conception est que le rapport de la conscience animale de l'homme avec le monde ne peut être
détruit, — l'animal se perpétue dans son espèce ; et que d'autre part le rapport de la matière avec le monde ne saurait, en aucune manière, être détruit et est éternel. Quant à ce
qu'il y a de plus précieux — la conscience
réfléchie de l'homme, non seulement elle n'est
pas éternelle, mais elle n'est que le reflet de
quelque chose d'inutile et de superflu.

Et l'homme sent qu'il ne saurait en être
ainsi. De là la crainte de la mort. Pour échapper à l'horreur qu'elle cause, les uns s'efforcent
de se persuader que la conscience animale est
précisément leur conscience réfléchie, et que
l'idée de l'indestructibilité de l'homme-animal,
c'est-à-dire de son espèce et de sa descendance,
suffit à satisfaire le besoin intime qu'ils éprouvent d'une conscience réfléchie impérissable.
Les autres cherchent à se persuader que la vie

qui n'avait jamais existé auparavant, après son apparition soudaine sous la forme charnelle et sa disparition sous cette même forme, ressuscitera en chair et vivra. Les hommes qui ne reconnaissent pas la vie dans le rapport de la conscience réfléchie avec le monde sont forcés d'admettre l'une ou l'autre de ces deux opinions. Il est clair que pour eux la prolongation de l'espèce humaine ne peut satisfaire le besoin impérieux qu'ils éprouvent d'un moi particulier éternel; mais l'idée de la vie qui recommence implique celle de la cessation de la vie, et si la vie n'a pas existé auparavant, si elle n'a pas existé toujours, elle ne saurait exister plus tard.

Pour les uns comme pour les autres, la vie terrestre est une vague. L'individualité se dégage de la matière inanimée, de l'individualité sort la conscience réfléchie, c'est le sommet de la vague. Arrivée à son point culminant, la vague, c'est-à-dire la conscience réfléchie et l'individualité reviennent à leur point de départ et s'anéantissent dans la matière morte. Pour les uns comme pour les autres, la vie

humaine est la vie apparente. L'homme a
grandi, il est arrivé à la maturité, il est mort;
— après sa mort, rien ne peut exister désormais
pour lui; ce qui reste après lui, sa descendance,
ses actes mêmes, tout cela doit lui être parfaitement indifférent. Il se plaint lui-même, il
craint la cessation de sa vie. Il ne peut pas
croire que sa vie, cette vie qui a commencé
ici-bas dans son corps et a cessé ici-bas, que
cette vie qui lui est propre ressuscitera derechef.

Il sait que du moment qu'il n'a pas existé
auparavant et qu'il est sorti du néant pour
mourir, son moi particulier n'existera plus jamais et ne peut exister. Il ne saura qu'il est
immortel que lorsqu'il comprendra qu'il n'est
jamais né, qu'il a été, est et sera toujours. Il ne
croira à son immortalité que lorsqu'il comprendra que sa vie n'est pas une vague, mais une
évolution éternelle qui ne se manifeste dans
cette vie que sous la forme d'une vague. Il me
semble que je mourrai et que ma vie cessera,
et cette pensée me torture et m'épouvante,
parce que je m'apitoie sur moi-même. Mais

qu'est-ce qui mourra? De quoi ai-je pitié?
Que suis-je moi-même au point de vue le plus
ordinaire? Avant tout je suis de la chair. Eh
quoi? J'ai peur de perdre cela, c'est là ce que je
regrette! Mais pas une parcelle du corps, de la
matière ne peut se perdre. Donc, cette portion
de moi-même est sauvegardée, je n'ai pas lieu
de craindre qu'elle se perde. Rien ne se perdra. Mais, paraît-il, ce n'est pas là ce qu'on dé-
plore. C'est moi qui suis à plaindre, moi,
Léon Nicolaévitch, Ivan Séménytch... Mais
personne n'est maintenant ce qu'il était il y a
vingt ans, et chaque jour il est autre. Laquelle
de ces formes d'existence est l'objet de mes
regrets? Non, répond-on, ce n'est pas là un
sujet de regret. Ce qui est à plaindre, c'est la
conscience de moi-même, de mon moi.

Mais ta conscience n'a pas toujours été une;
elle s'est modifiée; il y a un an, elle n'était
pas la même que celle d'aujourd'hui; il y a
dix ans, elle en différait encore davantage; à
une époque encore plus reculée, elle n'avait
rien de commun avec la conscience actuelle;
autant que tu peux t'en souvenir, elle s'est

toujours modifiée. Pourquoi regrettes-tu prin-
cipalement la conscience d'aujourd'hui, et
pourquoi crains-tu tant de la perdre ? Si tu
n'en avais jamais eu qu'une seule, tes regrets
auraient leur raison d'être, mais cette conscience n'a fait que changer sans cesse. Tu
n'aperçois pas son point de départ et tu ne
peux le découvrir, et tu veux qu'elle ne finisse
pas ; tu veux que cette conscience qui réside
en toi actuellement, subsiste éternellement.
Depuis que tu te connais, tu n'as pas cessé
d'avancer. Tu es entré dans cette vie sans
savoir comment ; tu sais seulement que tu es
venu avec ce moi particulier qui est toi-même,
qu'ensuite tu as marché, marché et es arrivé à
mi-chemin. Et voici que, devenu tellement
content de ta dernière forme d'évolution ou
plein de terreur pour la nouvelle forme qui
t'attend, tu t'obstines à ne pas vouloir bouger
de place, tu ne veux plus avancer parce que
tu n'aperçois pas ce qu'il y a là-bas. Est-ce
que tu as aperçu le lieu d'où tu es venu, et
celui dans lequel tu entrais, et pourtant tu
es venu ? Tu es entré par la porte d'entrée

et tu ne veux pas sortir par la porte de sortie.

Toute ta vie a été une marche à travers l'existence charnelle ; tu as marché, tu t'es hâté d'avancer, et voici que tout à coup tu éprouves des regrets en voyant s'accomplir ce que tu n'as pas cessé d'accomplir. Tu t'effraies à l'idée du grand changement qui doit survenir lors de la mort charnelle ; mais un changement tout aussi grand a eu lieu lors de ta naissance, et non seulement il n'en est rien résulté pour toi de fâcheux, mais au contraire il en est résulté un si grand bien que tu ne veux plus t'en séparer.

Qu'est-ce qui peut t'effrayer ? Tu dis que tu regrettes ton moi avec ses sentiments actuels, ses pensées, sa conception du monde, son rapport actuel avec le monde. Tu crains de perdre ton rapport avec le monde. Qu'est-ce que ce rapport ? En quoi consiste-t-il ?

S'il consiste en ce que tu bois, manges, engendres, en ce que tu construis des habitations, en ce que tu te vêts, en ce que tu as telles ou telles relations avec les autres hommes et les animaux, c'est là le rapport que

tout homme, en tant qu'animal doué d'intelligence, a avec la vie, et ce rapport ne saurait
disparaître ; de tels rapports ont existé, existent et existeront en quantité innombrable, et
l'espèce se conservera aussi sûrement que
chaque parcelle de matière. La conservation
de l'espèce est si fortement enracinée dans
tous les animaux, partant elle est si stable
qu'il n'y a pas à craindre pour elle. Si tu es
animal, tu n'as rien à craindre de ce côté ; si
tu es matière, tu es encore plus assuré de ton
éternité.

Si tu crains de perdre ce qui n'a rien de
commun avec l'animal, alors tu crains de
perdre ton rapport rationnel particulier avec le
monde, ce avec quoi tu es entré dans cette
existence. Mais tu sais bien que ce rapport n'a
pas commencé avec ta naissance, mais que ce
rapport a existé indépendamment de la naissance de ton animal et par conséquent ne peut
pas dépendre de sa mort.

CHAPITRE XXXIII

La vie visible est une partie du mouvement infini de la vie

Ma vie terrestre et celle de tous les autres hommes se présentent à moi sous l'aspect suivant : tous les hommes vivants, aussi bien que moi, se trouvent ici-bas dans un certain rapport avec le monde et sont arrivés à un certain degré d'amour. Il nous semble de prime abord que notre rapport avec le monde marque le commencement de notre vie ; mais, en nous observant nous-mêmes et en observant les autres, nous voyons que ce rapport avec le monde, le degré d'amour de chacun de nous, n'a pas commencé dans cette vie, mais y a été apporté d'un passé que nous cache notre nais-

sance charnelle ; en outre nous voyons que
tout le cours de notre vie ici-bas n'est qu'une
augmentation incessante, un accroissement
de notre amour, qui n'est pas interrompu, mais
est dérobé à nos regards par la mort charnelle.

Notre vie visible m'apparaît comme un segment de cône dont le sommet et la base sont
cachés à mon regard intellectuel. La partie la
plus étroite c'est le rapport dans lequel je me
trouve avec ce monde quand j'ai pour la première fois conscience de moi-même ; la partie la plus large, c'est mon rapport actuel,
le rapport le plus élevé auquel j'ai pu atteindre. Le commencement de ce cône, son
sommet, m'est caché dans le temps par ma
naissance, son prolongement m'est caché par
un avenir également invisible dans mon existence et dans ma mort charnelles. Je n'aperçois ni le sommet, ni la base de ce cône ; mais,
à en juger par la partie que traverse ma vie
visible, celle dont je me souviens, je reconnais
sa nature d'une manière certaine. Il me semble
d'abord que ce segment de cône est toute ma

vie; mais, à mesure que la vraie vie progresse, je vois d'une part que ce qui forme la base de ma vie se trouve derrière elle, au delà de ses limites ; suivant mon degré de vie, j'ai une conscience plus vive et plus claire du lien qui m'unit à un passé que je ne vois pas. D'autre part, je vois que cette même base repose sur un avenir qui m'est caché, et je sens plus vivement et plus clairement encore le lien qui me rattache à l'avenir ; partant j'en conclus que la vie visible, ma vie terrestre, n'est qu'une petite partie de toute ma vie, qui existe indubitablement au delà de ses deux extrémités, avant la naissance et après la mort, mais qui se dérobe à mon entendement actuel. Par conséquent, la cessation de la visibilité de la vie après la mort charnelle, de même que son invisibilité avant la naissance, ne peut m'ôter la ferme conviction qu'elle a existé avant la naissance et qu'elle continuera après la mort. J'apporte avec moi, en entrant dans la vie, une certaine faculté naturelle d'aimer le monde en dehors de moi ; mon existence charnelle, quelle qu'en soit la durée, se passe à augmenter cet amour, c'est pourquoi j'en conclus avec certitude que j'ai vécu avant ma naissance et que je vivrai aussi bien après le moment présent où je raisonne qu'après n'importe quel autre moment avant ou après ma mort charnelle.

En considérant en dehors de soi les origines et les fins charnelles de l'existence des autres hommes (et même des êtres en général), je vois qu'une vie est pour ainsi dire plus longue, une autre plus courte ; l'une apparaît plus tôt et je la vois plus longtemps ; l'autre apparaît plus tard et disparaît bien vite à mes yeux ; mais, dans toutes les deux, j'aperçois la manifestation de la loi commune à toute vraie vie, c'est-à-dire l'augmentation de l'amour et pour ainsi dire l'agrandissement des rayons de la vie. Le rideau qui me cache le cours temporaire de la vie des hommes se baisse un peu plus tôt ou un peu plus tard, mais la vie de tous les hommes est la même, et, de même que toute vie, elle n'a ni commencement ni fin. Et le fait que l'homme a vécu plus ou moins longtemps dans des conditions d'existence visibles pour moi ne peut influer en aucune manière sur sa vraie vie. De ce qu'un homme passe plus lentement, un autre plus vite dans le champ de ma vision, je n'ai pas le droit d'attribuer à l'un plus de vie réelle qu'à l'autre. Quand je vois passer un homme devant ma fenêtre, je sais incontestablement, quelle que soit son allure, que cet homme a existé avant le moment où je l'ai aperçu et qu'il continuera à exister après que je l'aurai perdu de vue.

Mais pourquoi les uns passent-ils vite, les autres lentement? Pourquoi un vieillard desséché, endurci moralement, incapable, suivant nous, d'accomplir la loi de la vie qui est l'accroissement de l'amour, pourquoi ce vieillard vit-il, tandis que l'enfant, le jeune homme, la jeune fille, l'homme fait meurent dans toute la force de leur activité intellectuelle, sortent des conditions de cette vie charnelle, au moment où, suivant nous, ils commençaient à établir en eux un rapport rationnel avec la vie?

On comprend encore la mort de Pascal, de Gogol; mais Chénier, Lermontoff et les milliers d'autres dont le travail intrinsèque venait à peine de commencer et qui auraient pu, à ce qu'il nous semble, si bien l'achever ici-bas ?

Mais ce n'est qu'une illusion. Aucun de nous ne connaît les principes de vie que les autres ont apportés dans le monde, ni le mouvement vital qui s'est accompli dans leur vie. Nous connaissons encore moins les obstacles au mouvement de la vie qui se rencontrent dans tel ou tel être, et surtout les conditions de vie possibles, mais invisibles à nos yeux, qui font que la vie de tel ou tel homme est prête pour une autre existence.

En regardant travailler un forgeron il nous semble que le fer-à-cheval est tout prêt et qu'il n'y a plus qu'à le battre encore une fois ou deux, mais le forgeron le brise et le jette dans le feu, car il sait qu'il n'est pas encore à point.

Nous ne pouvons savoir si le travail de la vraie vie s'accomplit ou non dans l'homme. Nous ne le savons qu'en ce qui nous concerne. Il nous semble que l'homme meurt prématurément, mais en réalité cela n'est point. L'homme

ne meurt que lorsque cela est indispensable pour
son bien ; de même il ne croît, n'arrive à l'âge
viril que lorsque c'est nécessaire pour son bien.

Et, en effet, si nous donnons le nom de vie
à ce qui l'est réellement et non point à son
ombre, si la vraie vie est le principe de tout,
ce principe ne peut dépendre de ce qu'il produit ; la cause ne peut pas provenir de l'effet ;
le cours de la vraie vie ne peut pas être troublé par des modifications survenues dans sa
manifestation. Le mouvement de la vie de
l'homme dans ce monde, mouvement commencé, mais non achevé, ne peut pas s'arrêter
à cause d'un abcès, d'un microbe ou d'un coup
de pistolet.

L'homme ne meurt que parce que le bien
de sa vraie vie ne peut plus être accru en ce
monde, mais non pas parce qu'il a une maladie de poitrine, un cancer, parce qu'on lui a
tiré un coup de pistolet ou jeté une bombe.
Nous croyons habituellement qu'il est naturel
de vivre de la vie charnelle, mais qu'il n'est
pas naturel de périr par le feu, l'eau, le froid,
la foudre, les maladies, par un coup de pisto-

let ou une bombe, mais il n'y a qu'à réfléchir
sérieusement, en considérant objectivement la
vie des hommes, pour voir au contraire qu'il
est tout à fait extraordinaire que l'homme
puisse vivre de la vie charnelle au milieu de
ces conditions désastreuses, au milieu de ces
innombrables microbes répandus partout et
meurtriers pour la plupart. Il est naturel qu'il
périsse. C'est pourquoi, au milieu de ces conditions désastreuses, la vie charnelle est au
contraire quelque chose de très extraordinaire
au point de vue matériel. Si nous vivons, cela
ne provient pas du tout de ce que nous avons
soin de nous, mais de ce que s'accomplit en
nous l'œuvre de la vie, qui régit toutes ces
conditions. Nous ne vivons pas parce que nous
ménageons notre corps, mais parce que nous
accomplissons l'œuvre de la vie. Quand cette
œuvre est achevée, rien ne peut plus arrêter la
décadence incessante de la vie animale ; cette
décadence s'accomplit, et l'une des causes de
mort charnelle les plus rapprochées parmi
celles qui entourent toujours l'homme, nous
paraît être la cause exclusive de cette mort.

Notre vraie vie existe, nous ne connaissons qu'elle, c'est par elle seule que nous connaissons la vie animale ; par conséquent, si le simulacre de la vraie vie est soumis à des lois immuables, comment la vraie vie elle-même qui est la cause de ce simulacre, ne serait-elle pas soumise à des lois? Mais ce qui nous trouble, c'est que nous ne voyons pas les causes et l'action de notre vraie vie comme nous voyons les causes et l'action des phénomènes extérieurs : nous ne savons pas pourquoi tel homme, en entrant dans la vie, apporte un moi doué de diverses facultés, pourquoi tel autre apporte un moi doué de facultés différentes, pourquoi la vie de l'un se brise, tandis que celle de l'autre continue. Nous nous demandons quelles ont été avant notre existence les causes qui nous ont fait naître tels que nous sommes. Et qu'arrivera-t-il après ma mort, si je vis ainsi ou autrement? Et nous nous affligeons de ne pas obtenir de réponse à ces questions.

M'affliger de ce que je ne puis connaître à présent ce qui a précédé ma vie et ce qui suivra ma mort, c'est comme si je m'affligeais de ne pas pouvoir découvrir ce qui est hors de la portée de mes regards. En effet, si j'apercevais ce qui est hors de la portée de mes yeux, je ne verrais pas ce qui se trouve dans le champ de leur vision. Ce qui est nécessaire avant tout, pour le bien de mon animal, c'est de voir ce qui est autour de moi.

N'en est-il pas de même de la raison qui me sert à concevoir? Si je pouvais percevoir ce qui est au-delà des limites de ma raison, je ne percevrais pas ce qui est dans sa sphère. Le bien de ma vraie vie exige avant tout que je sache à quoi je dois soumettre ici et maintenant mon individualité animale afin d'obtenir le bien de la vie. C'est ce que la raison me découvre; elle m'ouvre dans cette vie l'unique voie vers le bien qui ne finit pas.

Elle montre d'une manière certaine que cette vie n'a pas commencé à la naissance, mais a été et est toujours; elle montre que le bien de cette vie croît, s'augmente ici-bas et atteint des bornes qui ne peuvent le contenir, et qu'alors seulement il s'affranchit des conditions qui empêchent son épanouissement pour passer dans une autre existence.

La raison place l'homme sur cet unique chemin de la vie, qui, semblable à un tunnel de forme conique qui va en s'élargissant entre les parois qui l'enserrent de tous côtés, lui laisse voir dans le lointain l'évidente éternité de la vie et de son bien.

CHAPITRE XXXIV

L'incompréhensibilité des souffrances de l'existence terrestre prouve à l'homme de la manière la plus évidente que sa vie n'est point celle de l'individualité qui commence à la naissance et finit à la mort.

Mais si l'homme pouvait ne pas craindre la mort et ne pas y penser, ces souffrances horribles, sans but, que rien ne justifie et qu'on ne peut détourner, ces souffrances qu'il endure seraient suffisantes pour annuler tout le sens raisonnable attribué à la vie.

Je suis occupé d'une bonne œuvre, incontestablement utile aux autres, et tout à coup la maladie fond sur moi, interrompt mon œuvre, m'épuise et me tourmente sans aucune raison. Une vis s'est rouillée dans les rails et elle cède le jour du passage d'un train, d'un wagon où se trouvait une bonne mère, et ses enfants sont écrasés sous ses yeux. Un tremblement de terre détruit précisément l'endroit où se trouve Lisbonne ou Viernoïé, et des hommes innocents sont ensevelis vivants sous les décombres et meurent dans d'horribles souffrances. Cela est-il raisonnable ? A quoi bon ces malheurs et ces milliers d'affreux accidents et de souffrances incompréhensibles qui frappent les hommes ?

Les raisonnements qu'on fait pour expliquer ces phénomènes n'expliquent rien. Ces raisonnements laissent toujours de côté le fond même de la question et prouvent par là plus clairement encore l'impossibilité d'expliquer ces phénomènes. Je suis tombé malade parce que certains microbes se sont portés sur certaines parties de mon corps ; les enfants ont été écrasés sous les yeux de leur mère parce que l'humidité agit d'une certaine manière sur le fer ; la ville de Lisbonne et la forteresse Viernoïé ont été détruites parce qu'il existe certaines lois géologiques. Mais la question est de

savoir pourquoi précisément ces hommes et
non pas d'autres ont été atteints par ces horribles souffrances, et comment je pourrai échapper à ces accidents.

A cela il n'y a pas de réponse. Le raisonnement, au contraire, me montre qu'il n'y a pas
et qu'il peut y avoir de loi d'après laquelle un
homme serait, plutôt qu'un autre, exposé à ces
éventualités, qu'il y a une quantité innombrable d'accidents de ce genre, et que, par
conséquent, quoi que je fasse, ma vie est
exposée à chaque instant à toutes les innombrables éventualités de la plus horrible souffrance.

Si les hommes qui envisagent leur vie
comme une existence animale s'en tenaient
seulement aux conclusions qui découlent inévitablement de cette manière d'envisager la vie,
ils ne consentiraient pas à vivre un seul instant. Un ouvrier consentirait-il à entrer au
service d'un maître qui, en l'engageant, se ré-
serverait par contrat le droit, toutes les fois qu'il
en aurait envie, de le faire rôtir vivant à petit
feu, de l'écorcher vif, de lui étirer les muscles,

en un mot d'exercer sur lui toutes les cruautés qu'il pratique en sa présence, sans raison et sans cause, sur ses ouvriers. Si les hommes comprenaient réellement la vie comme ils le disent, pas un seul ne consentirait à vivre dans ce monde, uniquement par crainte de toutes ces souffrances cruelles et entièrement inexplicables qu'il voit autour de lui et qui peuvent l'atteindre à chaque instant.

Cependant, bien qu'ils connaissent divers moyens faciles de se tuer, de sortir de cette vie remplie de souffrances si cruelles et si inexplicables, les hommes vivent; ils se plaignent, ils déplorent leurs souffrances et continuent à vivre.

On ne peut pas dire que cela provient de ce que les jouissances sont plus nombreuses dans cette vie que les souffrances, d'abord parce que le simple raisonnement, aussi bien que les recherches philosophique sur la vie, démontrent jusqu'à l'évidence que toute vie terrestre est une suite de souffrances, qui sont loin d'être compensées par les jouissances; d'autre part, nous savons tous par nous-mêmes et par

les autres, que les hommes dont la vie n'est
qu'une suite de souffrances qui augmentent
jusqu'à la mort sans qu'ils puissent les alléger
ne se suicident pourtant point et se crampon-
nent à l'existence.

Il n'y a qu'une seule explication plausible de
cette étrange contradiction : c'est que tous les
hommes savent au fond de leur âme que toutes
les souffrances sont toujours nécessaires, indispensables au bien de leur vie, et c'est seulement pour cette raison qu'ils continuent à vivre,
quoiqu'ils les prévoient et y soient exposés. Et
s'ils se révoltent contre les souffrances, ce n'est
que parce qu'avec leur fausse idée de la vie,
qui n'admet que le bien de leur individualité,
tout ce qui est contraire à ce bien et ne tend
pas à un autre bien visible, leur semble
quelque chose d'incompréhensible et de révol-
tant.

Les hommes redoutent les souffrances et
s'en étonnent, comme si elles étaient quelque
chose d'inattendu et d'incompréhensible. Et cependant tout homme est élevé par la souffrance ; toute sa vie n'est qu'une suite de souf-

frances qu'il éprouve lui-même et qu'il impose aux autres êtres; et il semble qu'il devrait s'habituer aux souffrances, ne pas s'en effrayer et ne pas se demander quelle en est la cause. Tout homme qui se donnera la peine de réfléchir, verra que toutes ses jouissances sont achetées au prix des souffrances des autres êtres; que toutes ses souffrances sont nécessaires à ses jouissances; que sans souffrances il n'y a pas de jouissances, que les souffrances et les jouissances sont deux états opposés, provoqués l'un par l'autre. Ainsi quel est donc le sens de ces questions que se pose l'homme raisonnable : Pourquoi, à quoi bon les souffrances ?

Pourquoi l'homme, sachant que les souffrances sont unies aux jouissances, se demande-t-il : Pourquoi, à quoi bon les souffrances ? et non pas : Pourquoi, à quoi bon les jouissances ?

Toute la vie de l'animal et celle de l'homme, en tant qu'animal, n'est qu'une suite non interrompue de souffrances. Toute l'activité de l'animal, aussi bien que celle de l'homme, en tant qu'animal, n'est stimulée que par la douleur. La douleur est une sensation maladive suivie d'une activité qui éloigne cette douleur et amène ainsi un état de jouissance. La vie de l'animal et celle de l'homme, en tant qu'animal, loin d'être troublée par la douleur, ne s'accomplit que grâce à elle. Par conséquent, les douleurs donnent une impulsion à la vie et, partant, elles doivent exister ; ainsi donc, que veut dire l'homme quand il demande : Pourquoi, à quoi bon la douleur ?

L'animal ne fait pas de semblables questions. Quand la perche affamée fait souffrir le gardon, quand l'araignée tourmente la mouche et le loup la brebis, ils savent qu'ils font ce qu'ils doivent faire, et que ce qui doit arriver arrive ; par conséquent, lorsque la perche, l'araignée et le loup sont soumis à ces tortures par d'autres animaux plus forts qu'eux, ils savent qu'en se sauvant, en se défendant, en se dégageant, ils font ce qu'ils doivent, et, partant, ils sont pleinement convaincus qu'il leur arrive ce qui doit arriver. Mais l'homme, uniquement occupé à soigner ses jambes brisées sur un champ de bataille où il cherchait à fracasser les jambes des autres ; celui qui s'efforce de passer le moins désagréablement possible son temps dans une prison solitaire, après que lui-même a directement ou indirectement fait emprisonner d'autres personnes ; celui qui ne cherche qu'à se défendre des loups qui le déchirent et à leur échapper, après avoir lui-même égorgé des milliers d'animaux pour les manger, cet homme, dis-je, ne peut se faire à l'idée que tout ce qui lui arrive doit arriver. Il ne peut l'admettre, parce que lorsqu'il a été exposé à ces souffrances, il n'a pas fait tout ce qu'il aurait dû faire ; et il lui semble qu'il lui arrive ce qui ne devrait pas arriver.

Mais que doit-il donc faire encore pour se dégager et pour échapper aux loups qui le déchirent ? — Ce qui est conforme à la nature de chaque homme, en tant qu'être raisonnable : avouer le péché qui a causé la souffrance, s'en repentir et reconnaître la vérité.

L'animal ne souffre que dans le présent ; partant, l'activité provoquée par cette souffrance, activité qui lui est profitable dans le présent, le satisfait pleinement. Mais l'homme ne souffre pas seulement dans le présent, il souffre aussi dans le passé et dans l'avenir ; par conséquent, si l'activité provoquée par les souffrances n'est dirigée que vers le présent de l'homme animal, elle ne peut le satisfaire. Seule, l'activité ayant pour but les causes et les suites de la souffrance dans le passé et dans l'avenir peut satisfaire l'homme qui souffre.

L'animal est enfermé et il s'efforce de s'échapper de sa cage ; il a une patte cassée et il lèche la partie malade ; il est déchiré par un autre animal et cherche à se dégager. La loi de sa vie est troublée par une cause extérieure et il emploie son activité à la rétablir, et ce qui doit arriver, arrive. Mais moi, ou l'un de mes proches, nous sommes en prison ; j'ai une jambe brisée dans une bataille où je suis déchiré par les loups ; l'activité que je déploie pour m'enfuir, pour guérir ma jambe, pour échapper aux loups, ne me satisfait pas, parce que l'incarcération, le mal de ma jambe ou les attaques des loups ne sont qu'une partie minime de ma souffrance. J'aperçois les causes de ma souffrance dans le passé, dans mes égarements et dans ceux des autres hommes, et si mon activité n'est pas dirigée vers la cause de la souffrance, c'est-à-dire vers mes égarements, et si je ne m'efforce pas de m'en délivrer, je ne fais pas ce qu'il faut, partant la souffrance m'apparaît comme ce qui ne devrait pas arriver, et elle prend en réalité et dans mon imagination des proportions effrayantes qui excluent la possibilité de la vie.

La cause de la douleur ressentie par l'animal, c'est la transgression de la loi de la vie animale : cette transgression se manifeste par le sentiment de la douleur et l'activité provoquée par cette transgression est employée à éloigner la douleur ; pour la conscience réfléchie, la cause de la souffrance est la transgression de la loi de sa vie ; cette transgression se manifeste par le sentiment de la faute, du péché et l'activité provoquée par cettre transgression de la loi tend à écarter la faute et le péché. Et de même que la souffrance de l'animal provoque une activité appliquée à la douleur qui enlève à celle-ci son intensité, de même les souffrances de l'être raisonnable

provoquent une activité dirigée vers le péché,
et cette activité enlève à la souffrance son caractère douloureux.

Les questions : Pourquoi ? A quoi bon ?
qui surgissent dans l'âme de l'homme quand
il éprouve la souffrance réellement ou en
imagination, montrent seulement qu'il n'a pas
reconnu l'activité que doit faire naître en lui
la souffrance, activité qui enlève à celle-
ci son caractère douloureux. Et, en effet,
l'homme qui place la vie dans l'existence animale est privé de cette activité qui éloigne
la souffrance, et cela d'autant plus qu'il a une
idée plus étroite de la vie.

Quand l'homme qui considère sa vie comme
une existence individuelle découvre les causes de sa souffrance individuelle dans son
erreur personnelle, quand il comprend qu'il
est tombé malade parce qu'il a mangé quelque chose de malsain, qu'on l'a battu parce
qu'il a cherché querelle, qu'il est affamé
et nu parce qu'il n'a pas voulu travailler ;
quand il reconnaît qu'il souffre parce qu'il
n'a pas fait ce qu'il devait faire, et qu'à l'a-

venir il doit agir autrement et employer son
activité à réparer sa faute, alors il ne se révolte pas contre la souffrance, il la supporte
sans peine et souvent avec joie. Mais quand il
endure une souffrance qui dépasse les limites dans lesquelles il peut percevoir le
lien qui unit la souffrance à la faute, comme
lorsque sa souffrance provient de causes en
dehors de son activité individuelle, ou quand
sa souffrance ne peut avoir des effets utiles
pour lui-même ou pour n'importe quelle individualité, il lui semble qu'il lui arrive quelque
chose qui ne devrait pas arriver, et il se demande : Pourquoi ? A quoi bon ? et ne trouvant
pas d'objet vers lequel il puisse tourner son
activité, il se révolte contre la souffrance qui
devient ainsi une terrible torture. Mais la plupart des souffrances de l'homme sont précisément celles dont les causes ou les conséquences (quelquefois les unes et les autres)
sont cachées à ses yeux dans le temps et
l'espace : les maladies héréditaires, les accidents, les famines, un déraillement, les
incendies, les tremblements de terre, etc.,

qui se terminent ordinairement par la mort.

Les explications qui tendent à prouver que cela est nécessaire pour donner une leçon à nos descendants, en leur montrant qu'il ne faut pas se livrer à des passions qui peuvent influer sur la postérité en lui transmettant des maladies, qu'il faut améliorer l'état des voies ferrées, ou qu'il faut être plus prudent dans l'emploi du feu, — toutes ces explications, dis-je, ne me donnent pas une réponse satis-faisante. Je ne puis découvrir le sens de ma vie dans le tableau des erreurs des autres hommes. Ma vie et mon aspiration au bien m'appartiennent, et ce n'est point un tableau pour d'autres vies. Ces explications peuvent tout au plus fournir un sujet de conversation, mais elles ne sauraient diminuer l'effroi que je ressens en présence de l'absurdité des souf-frances qui me menacent et qui excluent la possibilité de la vie.

Mais, quand même nous pourrions compren-dre que, tout en faisant souffrir les autres hommes par nos fautes, nous expions aussi par nos souffrances les fautes des autres ; quand même nous pourrions comprendre, quoique vaguement, que toute souffrance est l'indice d'une faute qui doit être expiée par les hommes dans cette vie, il resterait encore toute une série innombrable de souffrances inexplicables.

Un homme, se trouvant seul dans une forêt, a été déchiré par les loups, d'autres se sont noyés, ont péri par le froid, par le feu, ou sont simplement tombés malades et sont morts, sans secours, et personne ne saura jace qu'ils ont souffert (et il y a des milliers de cas semblables). A qui cela peut-il être de quelque utilité?

Aux yeux de l'homme qui regarde sa vie comme une inexistence animale, tout cela est inexplicable; en effet, à ses yeux, le lien qui unit la souffrance à la faute ne réside que dans les phénomènes visibles, tandis que, dans les souffrances suivies de la mort, ce lien échappe complètement à son regard intellectuel.

De deux choses l'une : ou bien l'homme ne reconnaît pas le lien qui unit sa vie aux souffrances qu'il éprouve, et il continue à regarder ses souffrances comme dénuées de sens;

ou bien il reconnaît que ses fautes et les actions qui en sont la conséquence (les péchés
quels qu'ils soient) sont la cause de toutes ses
souffrances sans exception, et que celles-ci sont
l'expiation de ses péchés et de ceux de tous
les autres. Il n'y a que deux manières d'envisager la souffrance : suivant l'une, la souffrance est ce qui ne devrait pas être, parce que
je ne vois pas sa signification extérieure ; suivant l'autre, la souffrance est ce qui doit arriver, parce que je connais son importance
intime pour la vraie vie. La première provient de ce que je considère comme mon bien
le bien de ma vie individuelle en particulier ;
l'autre provient de ce que je regarde comme
mon bien le bien de toute ma vie passée et
future, liée indissolublement à celle des autres hommes et de tous les êtres. Suivant le
premier de ces points de vue, les souffrances
sont inexplicables et ne provoquent d'autre
activité qu'un désespoir et qu'une irritation
toujours croissants et que rien ne peut calmer;
suivant le second, les souffrances provoquent
une activité qui constitue le mouvement de la

vraie vie, c'est-à-dire l'aveu du péché, l'affranchissement de l'erreur et la soumission à la loi de la raison.

A défaut de la raison, l'intensité des souffrances oblige bon gré mal gré l'homme à reconnaître que sa vie ne réside pas dans son individualité ; que celle-ci n'est que la partie visible de toute sa vie ; que le lien extérieur entre la cause et l'effet que découvre son individualité ne coïncide pas avec le lien intime entre la cause et l'effet que la conscience réfléchie fait toujours connaître à l'homme.

L'animal ne voit le lien qui unit la faute à la souffrance que dans des conditions de temps et d'espace, tandis que l'homme l'aperçoit toujours dans sa conscience, en dehors de ces conditions. L'homme reconnaît toujours que la souffrance quelle qu'elle soit est la conséquence de sa faute quelle qu'elle soit, que le repentir du péché délivre seul du mal et procure le bien.

Toute la vie de l'homme depuis les premiers jours de son enfance ne consiste qu'à reconnaître sa faute au moyen de la souffrance

et à s'affranchir de son égarement. Je sais que
je suis entré dans cette vie avec une certaine
connaissance de la vérité, et que plus je m'en
suis éloigné, plus mes souffrances et celles
des autres hommes se sont accrues ; je sais
que plus je me suis affranchi des erreurs,
moins il y a eu de souffrances pour moi et
pour les autres, et plus a été grand le bien que
j'ai acquis. Par conséquent je sais que plus
sera grande la connaissance de la vérité que
j'emporterai de ce monde, connaissance ob-
tenue même au prix de la souffrance suprême,
celle qui précède la mort, plus le bien que
j'acquerrai sera grand.

Les tourments de la souffrance ne sont res-
sentis que par celui qui, vivant en ce monde
d'une vie retranchée dans son individualité,
sans voir ses péchés et les souffrances qui en
résultent en ce monde, se considère comme
innocent et se révolte contre les souffrances
qu'il endure pour les péchés du monde.

Et chose étrange, cette idée qui est évidente pour la raison est aussi confirmée par
l'unique et véritable activité de la vie, par

l'amour. La raison dit que l'homme qui reconnaît le lien qui unit ses péchés et ses souffrances à ceux du monde, se délivre de la torture des souffrances, c'est ce que l'amour confirme en réalité.

La moitié de la vie de tout homme est en butte à des souffrances que non seulement il ne remarque pas et trouve légères, mais encore qu'il considère comme un bien ; et cela provient uniquement de ce qu'il les supporte comme les conséquences de ses fautes et y voit un moyen d'alléger les souffrances d'êtres aimés. De sorte que moins il y a d'amour, plus l'homme est exposé aux tourments des souffrances ; tandis que plus l'amour est grand, moins les souffrances sont vives. Mais une vie entièrement rationnelle, dont toute l'activité ne se traduit que par l'amour, exclut la possibilité de toute souffrance. L'intensité de la souffrance n'est autre chose que la douleur ressentie par les hommes quand ils essayent de briser la chaîne d'amour pour les ancêtres, pour les descendants et pour les contemporains, qui unit la vie de l'homme à celle du monde.

24.

CHAPITRE XXXV

Les souffrances physiques sont une condition indispensable de la vie et du bonheur des hommes.

« Pourtant la souffrance est là, la souffrance physique. Pourquoi la souffrance ? » demandent les hommes. « Pourquoi ? Pour votre bien, pour que vous puissiez vivre ; impossible de vivre sans cela, » aurait pu répondre celui qui a voulu que nous souffrions, celui qui a fait la douleur aussi supportable que possible, celui qui par contre a fait découler de cette douleur le plus grand bien possible. Nous savons tous que notre première sensation douloureuse est le premier et le principal moyen de préserver notre corps et de prolonger notre vie animale. Sans ce moyen de préservation, nous aurions tous pendant l'enfance brûlé ou mutilé par amusement tout notre corps. Le mal physique préserve notre individualité animale. Et tant que la douleur sert à préserver l'individualité, comme cela a lieu chez l'enfant, elle ne saurait être l'effroyable torture que nous connaissons alors que notre conscience réfléchie est dans toute sa force, alors que nous résistons à la douleur et que nous la prenons pour quelque chose qui ne doit pas être. Chez l'animal et chez l'enfant la douleur est une quantité très définie et très minime, qui jamais n'atteint ce degré d'intensité qu'elle atteint chez l'être doué d'une conscience réfléchie. Nous voyons que l'enfant se lamente quelquefois tout aussi fort pour une piqûre de puce que pour un mal qui détruit les organes intérieurs. Et la douleur de l'être privé de raison ne laisse pas de traces dans son souvenir. Que chacun cherche à se rappeler ses douleurs d'enfant et il verra que non seulement il ne s'en souvient pas, mais même qu'il est incapable de les faire revivre dans son imagination. L'impression que nous éprouvons à la vue de la souffrance des enfants et des animaux est plutôt notre souffrance que la leur. L'expression extérieure de la souffrance chez les êtres irraisonnables dépasse de beaucoup la douleur elle-même et provoque en nous un sentiment de compassion beaucoup plus vif que ne le comporte la réalité, c'est ce qui a lieu pour les maladies de cerveau, le délire, le typhus et les diverses agonies.

A cette période de l'existence où la conscience réfléchie ne s'est pas encore éveillée et où la douleur sert seulement à préserver l'individualité, la douleur est supportable; mais, quand la conscience réfléchie est devenue accessible à l'homme, la douleur est un moyen de déterminer l'individualité animale à se soumettre à la raison; et à mesure que cette conscience s'éveille davantage, la douleur devient de moins en moins pénible.

En somme, c'est seulement quand nous sommes en pleine possession de la conscience réfléchie que nous pouvons parler des souffrances, parce que c'est à partir de cet état que commence la vie avec ses phases que nous appelons souffrances. Dans cet état la sensation douloureuse peut atteindre sa plus grande intensité ou se réduire aux proportions les plus minimes. En effet, chacun sait, sans avoir étudié la physiologie, que la sensibilité a des bornes, et qu'une fois que la douleur est arrivée à une certaine limite, ou bien la sensibilité cesse et fait place à l'évanouissement, à l'insensibilité, à la fièvre, ou la mort survient. La douleur en elle-même, comme phénomène physiologique, est donc une quantité bien déterminée qui ne peut dépasser ses limites. Quant à la sensation douloureuse, elle peut s'accroître à l'infini on se réduire à des proportions infiniment petites, et cela dépend de la manière dont nous l'envisageons.

Nous savons tous qu'en se résignant à la douleur et en l'envisageant comme quelque chose qui doit être, on peut cesser de la ressentir et même éprouver de la joie à la supporter. Sans parler des martyrs, sans parler de Jean Huss qui chantait sur le bûcher, de simples mortels, animés du seul désir de montrer leur courage, supportent sans crier et sans broncher les opérations regardées comme les plus

douloureuses. Il y a des limites à l'accroissement de la douleur comme phénomène physiologique ; quant à la sensation douloureuse, elle
peut être diminuée indéfiniment.

Les angoisses de la douleur sont certaine-
ment affreuses pour les hommes qui ont placé
leur vie dans l'existence charnelle. Et comment pourrait-il en être autrement, quand
l'homme n'emploie la raison, qui lui a été
donnée pour supprimer l'intensité des souffrances, qu'à l'augmenter ?

Suivant un mythe de Platon, Dieu aurait as-
signé dès l'origine à la vie humaine une durée
de soixante-dix ans, mais dans la suite, s'étant
aperçu que la condition des hommes n'en de-
venait que pire, il aurait substitué à cet ordre
de choses celui qui existe actuellement, c'est-
à-dire qu'il a laissé ignorer aux hommes l'heure
de leur mort.

Pour bien montrer tout ce que l'ordre établi a de raisonnable, il faudrait un mythe ainsi
conçu : A l'origine, les hommes ont été créés
sans la faculté de percevoir les sensations

douloureuses, mais dans la suite, en vue de leur bien, l'ordre actuel a été établi.

Si les dieux avaient créé les hommes sans la faculté de sentir la douleur, ces derniers n'auraient pas tardé à la demander ; sans les douleurs de l'enfantement les femmes accoucheraient dans de telles conditions que bien peu d'enfants resteraient vivants ; sans la faculté de sentir la douleur, les enfants et les jeunes gens détérioreraient leurs corps, les hommes mûrs ne connaîtraient jamais ni les erreurs des autres hommes du passé ou du présent, ni, ce qui est le point important, leurs propres erreurs, — ils ne sauraient pas ce qu'ils doivent faire dans cette vie, leur activité n'aurait pas de but rationnel, jamais ils ne pourraient se faire à l'idée de la mort charnelle, ils ne pourraient posséder l'amour.

Pour l'homme qui fait consister sa vie dans la soumission de son individualité à la loi de la raison, la douleur non seulement n'est pas un mal, mais elle est une condition indispensable de sa vie animale aussi bien que de sa vie rationnelle. Si la douleur n'existait pas, l'individualité animale ne serait pas avertie des transgressions de sa loi; si la conscience réfléchie n'éprouvait pas la souffrance, l'homme ne connaîtrait jamais la vérité et ignorerait la loi de son être.

Mais, objectera-t-on, vous parlez de vos souffrances personnelles, mais comment nier celles des autres? La vue de ces souffrances, n'est-elle pas elle-même la plus vive souffrance? diront les hommes. Mais tel n'est pas le fond de leur pensée. La souffrance des autres ? Mais les souffrances des autres, c'est-à-dire ce que vous nommez souffrances, n'ont pas cessé et ne cessent pas. Tout le monde des hommes et des animaux souffre et ne cesse de souffrir. Est-il possible que nous ayons appris cela seulement aujourd'hui? Les blessures, les mutilations, la faim, le froid, les maladies, les accidents de toute sorte et surtout les couches sans lesquelles aucun de nous n'est entré dans le monde, ne sont-ce pas là les conditions nécessaires de l'existence? Vous parlez des souffrances des autres, mais c'est cela, c'est la diminution, le soulagement dos souffrancos qui forme l'ossonco do la vio rationnollo, c'ost à quoi tond la véritablo activité do la vio.

L'uniquo affairo do la vio humaino, c'ost do comprendro los souffrancos dos individualités, los causes dos orrours humainos ot l'activité qu'il faut déployor pour' los diminuor. Si jo suis un hommo, uno individualité, c'ost afin do comprondro los souffrancos dos autros individualités ; si j'ai uno conscionco réfléchio, c'ost afin do voir dans los souffrancos do chaquo individualité la causo communo do la souffranco, l'erreur, et afin do la détruire en moi-mêmo ot dans los autres.

Comment donc l'objet du travail pourrait-il êtro une souffrance pour le travaillour? C'ost commo si le laboureur disait qu'uno terro non labourée ost uno souffrance pour lui. Uno terro non labourée no peut êtro uno souffrance quo pour celui qui voudrait la voir labourée, mais no regarderait pas commo la tâcho do sa vie do la labourer.

L'action immédiate do l'amour qui pousso à venir en aide à coux qui souffront et à dé-

truire les causes communes de la souffrance,
c'est-à-dire l'erreur, est l'unique travail qu'il
soit donné à l'homme d'accomplir et qui puisse
lui procurer ce bien imprescriptible qui constitue sa vie.

Il n'existe qu'une souffrance pour l'homme, et
c'est celle qui l'oblige bon gré mal gré à vivre
de cette vie qui lui donne son unique bien.

Cette souffrance, c'est la conscience de la
contradiction qui existe entre mon état de
péché et celui de tout le monde, et non seulement la possibilité, mais l'obligation de réaliser moi-même et non par l'intermédiaire d'un
autre toute la vérité dans ma vie et dans celle
du monde.

On ne peut amoindrir cette souffrance ni
en participant au péché du monde, ni en fermant les yeux sur son propre péché, ni encore moins en cessant de croire non seulement à la possibilité, mais à l'obligation,
pas celle d'autrui, mais la mienne propre, de
réaliser la vérité dans ma vie et dans celle du
monde. En participant au péché du monde et
en fermant les yeux sur les miens, je ne fais

qu'accroître mes souffrances ; en cessant de croire à la possibilité et à l'obligation de réaliser la vérité dans ma vie et dans celle du monde, je me prive de la force de vivre.

Cette souffrance n'est adoucie que par la conscience et l'activité de la vraie vie, qui suppriment la disproportion existant entre la vie individuelle et le but entrevu par l'homme. Bon gré, mal gré l'homme doit reconnaître que sa vie n'est pas limitée par son individualité depuis la naissance et jusqu'à la mort ; il doit reconnaître que le but entrevu est accessible et que l'affaire de sa vie, qui est inséparable de celle du monde entier, est, a été et sera toujours de tendre vers ce but, en reconnaissant de plus en plus sa culpabilité et en tâchant de réaliser de plus en plus la vérité dans sa vie et dans celle du monde. A défaut de la conscience réfléchie, la souffrance qui résulte de l'erreur sur le sens de sa vie, pousse bon gré, malgré l'homme vers l'unique chemin de la vie, où il n'y a ni obstacles ni mal, mais où il n'y a qu'un bien toujours croissant, que rien ne peut troubler, qui n'a jamais commencé et ne peut finir.

CONCLUSION

La vie de l'homme est une aspiration vers
le bien, et ce à quoi il aspire lui est donné.

L'homme n'aperçoit le mal, sous la forme de
la mort et des souffrances, que lorsqu'il prend
la loi de son existence charnelle et animale
pour celle de sa vie. Il n'aperçoit la mort et
les souffrances que lorsqu'il déroge à sa condition d'homme et se ravale au niveau de la
bête. La mort et les souffrances, comme des
épouvantails, le menacent de tous côtés et le
poussent sur la seule voie qui lui soit ouverte,
la voie de la vie humaine soumise à la loi de la
raison et se manifestant par l'amour. La mort
et les souffrances sont des transgressions de
la loi de la vie humaine. Pour l'homme qui
vit selon sa loi, il n'y a ni mort, ni souffrances.

« Venez à moi, vous tous qui êtes fatigués et chargés, et je vous soulagerai. »

« Chargez mon joug sur vous, et apprenez de moi, que je suis doux et humble de cœur, et vous trouverez le repos de vos âmes. »

« Car mon joug est doux et mon fardeau léger. (Mathieu, chap. xi). »

La vie de l'homme est une aspiration au bien ; ce à quoi il aspire lui est donné : une vie qui ne saurait être la mort, et un bien qui ne saurait être un mal.

LÉON TOLSTOÏ.

FIN

PREMIER APPENDICE

On a coutume de dire : nous étudions la vie non pas d'après la conscience de notre vie, mais en général hors de nous. Mais cela revient à dire que nous contemplons les objets non pas avec les yeux, mais en général hors de nous.

Nous voyons les objets hors de nous parce que nous les découvrons par nos yeux, et nous ne connaissons la vie hors de nous que parce que nous la connaissons en nous. Et nous ne voyons les objets que comme ils apparaissent à nos yeux, et nous ne déterminons la vie hors de nous que comme nous la connaissons en nous. Or, nous connaissons la vie en nous comme une aspiration au bien. C'est pourquoi, sans définir la vie comme une recherche du bien, il est impossible non seulement d'observer, mais même de voir la vie.

Le premier et le principal acte pour arriver à la connaissance des êtres vivants, c'est de réunir dans la conception d'un seul être vivant une foule d'objets divers, et de séparer cet être vivant de tout autre. Et nous n'accomplissons ces

deux opérations qu'en vertu de la même conception de la vie que nous avons tous, — conception
de la vie comme une aspiration au bien du moi,
en tant qu'être distinct de tout le reste du monde.

Si, en apercevant un homme à cheval, nous
savons qu'il n'y a là ni une foule d'êtres ni un
être unique, ce n'est pas parce que nous observons toutes les parties qui composent l'homme
et le cheval, mais c'est parce que nous ne voyons
ni dans la tête, ni dans les pieds, ni dans les autres parties de l'homme et du cheval, l'aspiration
distincte au bien, que nous connaissons en nous.
Et nous ne savons que le cavalier et sa monture
ne forment pas un seul être, mais deux êtres,
que parce que nous reconnaissons en eux deux
aspirations distinctes au bien, tandis qu'en
nous nous n'en connaissons qu'une seule. C'est
par là seulement que nous savons qu'il y a la
vie dans la réunion de l'homme et du cheval,
qu'il y a la vie dans un troupeau de chevaux,
dans les oiseaux, les insectes, les arbres, l'herbe.
Si nous ignorions que le cheval désire son bien
à lui, que l'homme désire aussi son bien à
lui, que c'est là, également, le désir de chacun
des chevaux du troupeau, de chaque oiseau, de
chaque coccinelle (bête à bon Dieu), de chaque
arbre, de chaque brin d'herbe, nous n'aperce-
vrions pas ce qui distingue les êtres, et pour cette

raison nous ne saurions rien de la vie; un régiment de cavalerie, un troupeau, les oiseaux, les insectes, les plantes, tout cela serait comme les vagues de la mer, et le monde entier se confondrait pour nous en un seul mouvement uniforme, dans lequel il nous serait absolument impossible de découvrir la vie. Si je sais que le cheval, le chien, la tique qui se trouve sur le chien, sont des êtres vivants, si je puis les observer, c'est uniquement parce que le cheval, le chien, la tique ont tous leur but distinct, qui est pour chacun d'eux l'aspiration à son bien. Je le sais parce que je me connais moi-même comme aspiration au bien.

C'est cette aspiration au bien qui est la base de toute connaissance de la vie; à moins d'admettre que l'aspiration au bien, que l'homme sent en lui-même, est la vie même et le signe distinctif de toute vie, il est impossible d'étudier la vie, il est impossible de l'observer. C'est pourquoi l'observation commence quand la vie est déjà connue, et une observation qui ne porte que sur les manifestations de la vie, ne peut jamais, ainsi que le suppose la fausse science, définir la vie elle-même.

Les hommes ne reconnaissent pas la définition de la vie dans l'aspiration au bien qu'ils découvrent dans leur conscience, mais ils admettent

la possibilité de connaître cette aspiration dans
la tique, et en vertu de cette connaisance, sup-
posée et dénuée de fondement, du bien auquel
aspire la tique, ils font des observations et tirent
des déductions sur l'essence même de la vie.

Tout ce que je sais de la vie externe repose sur
la conscience de mon aspiration au bien. C'est
pourquoi, ce n'est qu'après avoir connu en quoi
consiste mon bien et ma vie, que je serai en état
de savoir en quoi consiste le bien et la vie des
autres êtres. Mais sans connaître ma vie il m'est
absolument impossible de connaître le bien et la
vie des autres êtres.

Les observations sur les autres êtres qui tendent à leurs fins, fins qui me sont inconnues et
qui offrent une similitude avec le bien vers lequel
je sais que je tends, ces observations, dis-je,
non seulement sont incapables de me faciliter
ma vraie connaissance de la vie, mais elles ne
sont propres qu'à me la cacher.

Étudier la vie dans les autres êtres, sans posséder la définition de la sienne propre, c'est la
même chose que décrire une circonférence sans en
connaître le centre. Ce n'est qu'après avoir pris
pour centre un point immuable qu'on peut décrire la circonférence. Nous avons beau tracer
des figures, sans un centre il n'y aura pas de
circonférence.

DEUXIÈME APPENDICE

La fausse science qui croit, par l'étude des phénomènes qui accompagnent la vie, étudier la vie elle-même, dénature par là l'idée de la vie ; par conséquent, plus elle étudie longtemps les phénomènes de ce qu'elle nomme la vie, plus elle s'éloigne de l'idée de la vie qu'elle veut étudier.

On étudie d'abord les mammifères, puis les animaux vertébrés, les poissons, les plantes, les coraux, les cellules, les organismes microscopiques, et l'on finit par ne plus savoir distinguer ce qui vit de ce qui ne vit pas, par confondre l'organique avec l'inorganique, un organisme avec un autre. Cela va si loin que ce qu'il est impossible d'observer semble le principal objet des investigations et des observations.

Il leur semble que le mystère de la Vie et l'explication de tout se trouvent dans les baccilles virgules, dans les animalcules plutôt supposés que visibles, aujourd'hui découverts, demain oubliés. On suppose que l'explication de tout réside dans les êtres contenus, dans les êtres microscopiques, dans ceux que renferment ces derniers et ainsi de suite jusqu'à l'infini, comme si la divisibilité infinie d'une petite parcelle de matière n'est pas une infinité au même titre que l'infinité de ce qui est grand. Le mystère ne se dévoilera que lorsque tout l'infini d'une parcelle de matière aura été exploré jusqu'au bout, c'est-à-dire jamais. Et les hommes ne s'aperçoivent pas qu'en se figurant que la question trouve sa solution dans l'infiniment petit, ils prouvent d'une manière indubitable que la question a été mal posée. Et ce dernier degré de l'insanité, qui montre clairement toute l'absurdité des investigations, ce degré, dis-je, est regardé comme le triomphe de la science; le degré suprême de l'aveuglement paraît être le comble de la clairvoyance. Les hommes se sont engagés dans une impasse et ont prouvé clairement que le chemin suivi par eux n'était pas le bon chemin, et pourtant leur enthousiasme est sans bornes : « Augmentons encore un peu la puissance de nos microscopes, et nous saisirons la transition de l'inorganique à l'organique, de l'organique au psychique, et tout le mystère de la vie apparaîtra à nos yeux. »

En étudiant au lieu de l'objet son ombre, les hommes ont complètement perdu de vue l'objet dont ils ont étudié l'ombre, et à force de s'enfoncer davantage dans l'ombre, ils se trouvent dans une obscurité complète et se réjouissent de ce que l'ombre est complète.

Dans la conscience de l'homme, la vie signifie l'aspiration au bien. Le but capital et la tâche vitale de toute l'humanité, c'est d'expliquer en quoi consiste ce bien et d'en donner une définition de plus en plus exacte.

Mais, parce que cette tâche est difficile, parce que ce n'est pas une bagatelle, mais un travail sérieux, les hommes décident que la définition de ce bien ne peut être trouvée là où elle réside, c'est-à-dire dans la conscience réfléchie, et que par conséquent il faut la chercher partout, sauf là où elle est.

Cela ressemble à la conduite d'un homme à qui on aurait donné par écrit des instructions exactes sur ce dont il a besoin, et qui, faute de savoir lire, jetterait le papier contenant ces instructions et demanderait à tous les passants s'ils ne savent pas ce dont il a besoin.

Les hommes cherchent partout, excepté dans la conscience, la définition de la vie, c'est-à-dire l'aspiration au bien, qui est gravée en caractères ineffaçables dans l'âme humaine.

Cela est d'autant plus étrange que l'humanité tout entière, dans la personne de ses plus sages représentants, à commencer par la sentence grecque : « Connais-toi toi-même », a toujours dit et dit encore le contraire. Toutes les doctrines religieuses ne sont autre chose que des défini-

tions de la vie, que des aspirations vers le bien
réel, véritable, accessible à l'homme.

TROISIÈME APPENDICE

La voix de la raison se fait entendre à l'homme
de plus en plus nettement; l'homme prête de
plus en plus souvent l'oreille à cette voix ; et le
temps vient, il est déjà venu, où cette voix est
devenue plus forte que celle qui invite les
hommes au bien individuel et au faux devoir.
Il devient de plus en plus évident d'une part que
la vie individuelle avec ses séductions ne peut procurer le bien, d'autre part que l'accomplissement
de tout devoir, imposé par les hommes, n'est
qu'une tromperie qui prive l'homme de la possibilité de s'acquitter du seul devoir qu'il doive
reconnaître, celui qu'il a contracté vis-à-vis du
principe raisonnable et bon d'où il procède.
L'ancienne imposture qui exige que l'on croie à
ce qui est dénué de sens raisonnable, a déjà fait
son temps, et il est impossible d'y revenir.

Auparavant on disait : ne raisonne pas, mais
crois aux obligations que nous t'imposons. La
raison t'induira en erreur. La foi seule te décou-
vrira le vrai bien de la vie. Et l'homme s'effor-
çait de croire et croyait en effet, mais ses rapports avec les autres hommes lui ont montré

que ceux-ci croient à tout autre chose et qu'ils
affirment que leur croyance procure le plus
grand bien à l'homme. Il est devenu indispensable de résoudre la question de savoir laquelle
de ces nombreuses croyances est la plus vraie,
mais il n'y a que la raison qui puisse résoudre
cette question.

Tout ce que l'homme sait, il le connaît au
moyen de la raison et non pas de la foi. On a pu
le tromper en lui affirmant qu'il ne connaît que
par la foi et non par la raison ; mais dès qu'il
connaît deux croyances opposées et voit des
hommes qui professent une autre croyance que
la sienne, il se trouve dans la nécessité absolue
de résoudre la question au moyen de la raison.
Un bouddhiste qui a appris à connaître le mahométisme, s'il reste bouddhiste, demeurera atta-
ché à sa croyance, non par la foi, mais par la
raison.

Dès qu'une autre croyance lui apparaît et qu'il
est placé dans l'alternative de renoncer à sa
croyance ou de rejeter celle qu'on lui propose, la
question est résolue inévitablement par la raison. Et s'il est demeuré bouddhiste après avoir
eu connaissance du mahométisme, la foi aveugle
qu'il avait auparavant en Bouddha ne reposera
désormais que sur une base rationnelle.

Les essais tentés de nos jours pour inspirer à

l'homme des principes religieux au moyen de la foi, en se passant de la raison, ressemblent aux tentatives faites pour nourrir un homme sans introduire les aliments par la bouche. Grâce à leurs rapports les uns avec les autres, les hommes ont appris que c'est là la base commune de la connaissance, et désormais il leur est impossible de revenir à leurs anciennes erreurs. Et le temps arrive, il est déjà arrivé, où les morts entendront la voix du Fils de Dieu, et l'ayant entendue, ressusciteront.

Il est impossible d'étouffer cette voix, parce que ce n'est pas une voix unique, mais celle de la conscience réfléchie de l'humanité tout entière, qui se manifeste dans chaque homme en particulier, aussi bien que dans les meilleurs représentants de l'humanité, et maintenant dans la plupart des hommes.

TABLE DES CHAPITRES

—————

ÉMILE COLIN — IMPRIMERIE DE LAGNY

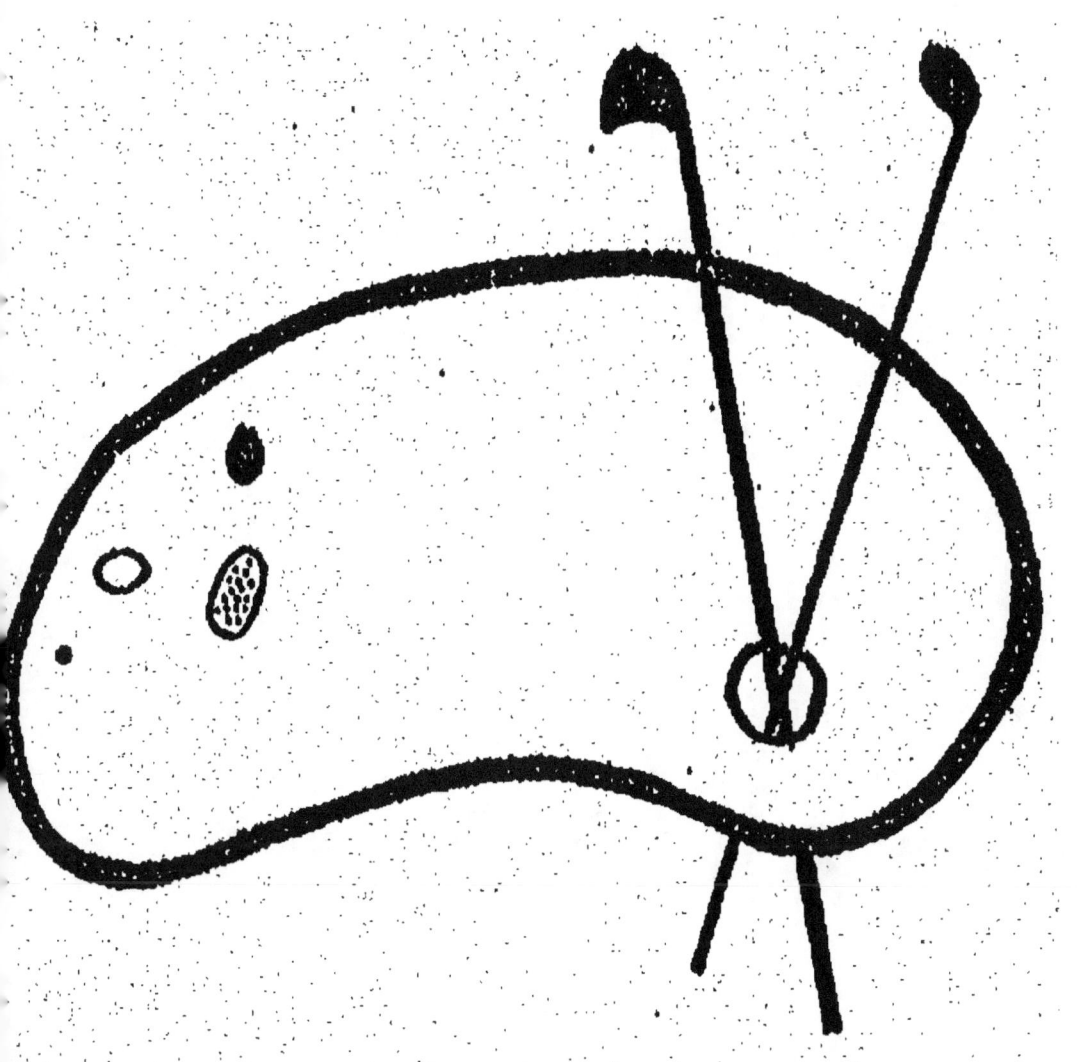

ORIGINAL EN COULEUR
N° Z 43-120-8

www.ingramcontent.com/pod-product-compliance
Lightning Source LLC
Chambersburg PA
CBHW050148030726

47505CB00005B/1284